20世纪中国图书馆学文库·10

中国图书编目法

裘开明 著

国家图书馆出版社

本书初版于1931年2月，据商务印书馆1934年11月第2版排印

序

中国图书编目法，向鲜专书。裘开明先生，邃于图书馆之学，本其研究心得，与在国内外大学图书馆任职之经验，笔之于书，蔚然成一家言，洵足以应现在之需要而补其缺憾。书中对于目录片之内容，规定其应载事项；目录片之形式，列举其写法；而于目录之种类及排列，亦言之不厌求详；并多为实例，以示轨范。学者奉为圭臬，则于中国图书编目之具体方法，思过半矣。其十八章目录排列法中，采用拙作四角号码检字法，不佞尤当引为荣幸。不佞创为此法，初意在谋检查字书之便利；嗣因拙作中外图书统一分类法问世，国内图书馆界，遂多按四角号码而编目者；然斯法之立足于国外，实自裘君以之排列美国哈佛大学之汉文图书目片始。不佞既深信裘君之书，将于图书馆界有重大之贡献，复幸四角检字法得附骥尾而益彰，故乐为之序。

中华民国二十年二月十四日王云五

自　　序

综观吾国书目体例，大别有三，一曰解题派，始于汉刘氏父子之《七略》《别录》（注一）历宋之《崇文总目叙释》，晁公武《郡斋读书志》，陈振孙《书录解题》，至清代《四库全书提要》集其大成。以条叙学术派别，论断群书得失为主旨。二曰簿录派（注二），其例创自《旧唐书经籍志》（注三），至南宋始完全成立。郑渔仲作《通志二十略》，欲凌跨前人，谓《崇文总目叙释》为繁文。故其《艺文》一略，无所诠释。高宗且因其建议，而废《崇文总目》之解题。尤袤《遂初堂书目》亦因之。自是以后，仅记甲乙部次，只标图书名目之书目，遂与其他两体例并行。三曰考订派。自鐫版兴，书出日富，书误日滋。经宋元明迄清，书之版刻，愈积愈夥。于是有清一代著录家，喜言校勘板本之学，蔚成考订派之目录学者。专究板本之先后，钞校之精粗，音训之异同，字画之增损，授受之源流，翻摹之本末，篇第之多寡，行字之数目，行幅之疏密，装缀之优劣。

三派之利弊，虽各有不同，其不适用于近日图书馆之编目则一。盖现今之图书馆，应付群众使用，几至供不应求。编目者势难得先儒之宽闲，作正确之解题，精密之考订。然书目为用，在因目寻书。是每书亦不得不有相当之节述，使未睹书仅见目者，略知其内容与形式，故书目之体例及其详略，应如何为适当，实为今日图书馆编目亟待解决之一问题。

本书根据著者数年编目之经验，参酌吾国固有书目学之载籍，诸家书目史志艺文之体例，及西洋编目法之著作，将中国旧籍编目诸难点，如考著者，定书名，审版本，纪图卷，示内容等，讨究折衷，以求解决。并详示书名，著者，校者，译者，注者……辑者，标题，分析，丛书，书架，分类等各种目录片编写法。每种附图数幅，表明行款。末附目录片之印法，及编目参考书举要，聊备编目实际之用。遗误谫陋，自知不免。敢抱引玉之心，轻为抛砖之试，付之剞劂，以俟贤能。海内博雅，进而教之，不胜感愉。

本编之成，先儒中指示最力者为郑渔仲(樵)，章实斋(学诚)，孙从添(庆增)，叶焕彬(德辉)诸人。时彦益我者，则首推元和孙益荞(德谦)先生。又吾友冯君汉骥汤君吉禾，为吾在厦门大学及哈佛大学图书馆同工伴侣，对于此作，殊多暗示及匡正，并此附志，以答益友之惠焉。

中华民国十八年六月镇海裘开明暗辉自序于美国麻省剑桥哈佛大学图书馆汉和文库。

注一　《隋书经籍志》曰："刘向《别录》，刘歆《七略》，剖析条流，各有其序，推寻事迹，疑则古之制也。自是以后，不能辨其流别，但记书名而已。"

《四库全书总目》目录类叙言谓："刘氏《七略》《别录》至二十卷，此非有解题而何?"

章学诚《校雠通义》《互著》第三曰："古人著录，不徒为甲乙部次计；如徒为甲乙部次计，则一掌故令史足矣，何用父子世业，阅年二纪，仅乃卒业乎?"

注二　部次之名，出于章学诚《校雠通义》(见注一所引)。部次式书目乃指仅记部目而无提要或考订之书目而言。

注三　张寿荣《八史经籍志》序言曰："自班志以来，四部中随类讫系，以小序发明。煚等撰集，循例无改，而《旧志》意主简略，尽行汰删；但以各书著录……"

《旧唐书经籍志》序言曰："煚等《四部目》及《释道目》并有小序及注撰人姓氏，卷轴繁多，今并略之，但纪篇部……"

目　　次

第一编　目录片应载事项

第一章　定书名

一、书名以记诸本书正文起首处者为主。

二、书名签及书名页所载之书名，与正文卷端互异时，须于附注栏内注明。

三、凡书本无定名者，编目者，不妨以己意裁定该书之名。

四、书名以简明为要。凡名目烦重者，可以省称，如学者通称《白虎通德论》为《白虎通》，《大元圣政国朝典章丛集》为《元典章》是也。

五、正式书名前有"御定"，"续"，"续定"，"御批"，"钦定"，"御纂"，"御注"，"增修"，"重修"，"原本"，"足本"，"节本"，"笺注"，"增广笺注"，"注释"，"详解"，"绘图"，"纂图互注"，"重刊"，"校刊"，"精选"，"重订"，"新著"等不关紧要字样，为数不过二三字者，皆须颠倒写在书名后，用"，"号隔开。如《御定佩文斋书画谱》即写《佩文斋书画谱》，"御定"，惟书名中"御制"二字后之部分，系普通名辞者，则"御制"二字不颠倒，如"御制诗"，"御制文"。

六、一书歧名者，如颜师古之《南部烟花》即《大业拾遗》，李绰之《尚书谈录》即《尚书故实》，刘珂之《帝王历歌》即《帝王镜略》，此种异名之书，不论其为著者自为更定，或经后人增改，一律须将其原名及别名写出，用"一名"二字隔开，如《先秦政治思想史》，一名，《中国圣哲之人生观及其政治哲学》。此外尚须由别名制一

"见片",指见采用之正式书名。

七、异书同名,如桓谭《新论》华谭《新论》扬雄《太元经》杨泉《太元经》则除书名外,应将其著者姓名详细写出,以别其异同。

八、书名有疑义或不甚明了时,应于书名后,加附注于括弧内,如朱方增之《从政观法录》(清初名臣二百八十人列传)。书之内容,有年代性质者,则将其所指年代,附于书名后括弧内,如《东华录》(清十一朝)。

九、年谱传记等之书名有被传人之别号或谥号者,应将其真姓名括写于别号或谥号之后,如《玉溪生(李商隐)年谱会笺》,《曾文正公(国藩)年谱》,《曾太傅(国藩)传略》。

第二章　考著者

一、书籍内容之负责人，不外下列数种：

（甲）著作者——个人自述意见之创作为著作，古人常用“述”“撰”，等字，盖遵孔子述而不作之义，今均入此类。

（乙）编辑者——采集古今书籍，更改其语句者为“编”，不改其文辞，只排列其次序者为“辑”，古人亦常用“纂”，“集”等字，今均以“编”或“辑”代之。

（丙）节撮者——选辑一书之纲要而缩短其篇幅者为节撮，如梁启超之《节本明儒学案》是。

（丁）增补者——续修前人之书，添补其遗漏者为增补，如《宋元学案》黄宗羲原著，全祖望续修，王梓材增补。

（戊）注解者——将书之本文解释清楚者为注解，如毛亨注《诗经》。他如疏，义，释，诂，笺注等，虽义意少有出入，但大旨无甚不同，故皆以“注”代之。

（己）批评者——论断一书内容之得失当否者为批评，如金圣叹批《三国志》。

（庚）校正者——将一书内容之错误改正者为校正，如傅奕校《老子》。“审定”，“校订”，“鉴定”，“考订”等，皆属此类。

（辛）翻译者——将外国文字书籍译成汉文者。

（壬）标点者——以标点符号，断分句读章篇者为标点。

（癸）绘画者——如《西清古鉴》之编纂者为梁诗正，绘画者为梁观，李慧林等是也。

（癸一）书写者——如何绍基（子贞）即《临张迁碑》之书写者。

（癸二）作谱者——如《今乐初集》之作歌者为易韦斋，而作谱者为萧友梅是也。

二、无论该书负责者为何种人，其名后均须依其负责性质以“著”，“编”，“辑”，“节”，“补”，“注”，“评”，“校”，“译”等字注明。如一书著者，校者，或注者均有，则每二名中须用“；”号隔开。

三、书为二人或三人合著或合编者，三人姓名均写，用“，”号隔开，再写“合著”，“合编”等字样。撰述在三人以上者，只写第一人姓名，余从略，惟其姓名后，须加“等”字。合刻而非合著之书，如《康梁书牍》，则著者姓名后，只用“著”，不用“合著”二字。

四、编著者一律用真姓名，并将其字，号，著名别号地称，官称，及谥号等附于姓名之后，另由字，号等制参照片，指见姓名，如陶渊明见陶潜，五柳先生见陶潜，靖节见陶潜。但著者向以字行，而其字又为各著录所用以代名者，仍用其字，另由其名，制一参照片，指见其姓字，如金幼孜名善，《四库全书》，《疑年录》，《中国人名大辞典》等皆用幼孜不用善，则当以金幼孜制目录片，金善制参照片。

五、翻译书，原著者之西文姓名，应写入汉译姓名后括弧内。

六、王侯太子名号与别号同，皆用“见片”指明。正片上仍用真姓名，如“昭明太子（梁）辑，《文选》”；应改写“萧统（梁）辑，《文选》”。

七、帝王所著之书，仍用其帝号，如唐玄宗注《孝经》。

八、僧道向以其道名著者，用其道名，道名前有“释”字者，将“释”字写于道名后，如，太虚（释）（一八七〇至　）。

九、已婚妇人，于其本姓前，冠以夫姓，如孙宋庆龄；并制“见片”如宋庆龄见孙宋庆龄。

十、著者之生卒年，概照公元，用括弧括附于姓名后。生卒年不可考，用登第或受职官年，如仍不可得，则写其生存朝代名。

十一、政府机关，会社，学校，或书局所编辑之书，以各该团体为著者，个人参与此项著作者以校者论。

十二、政府机关，以国名，省名，或地方名冠前，机关名随后，如中国外交部，江苏教育厅，广州公安局。

十三、会，所，寺，院，庙，堂，及教会，均以其所在地之地名冠前，该会所寺院等名随后，如北平浙江会馆，厦门南普陀，汉口圣公会。会社有特别名称者，不在此例。

十四、疑似著者姓名，须外加方括号，姓名后须另加？号，如[黄石公(汉)?]《三略》。

十五、著者姓名不详，可将著者栏地位空出，待查得时补入。若原书著者姓名久佚，则用“无名氏”；或著者自愿隐名，则用“隐名氏”三字代之。

十六、经子书著者名久佚不可考者，以其传者或注解者姓名写于著者栏地位。

第三章　审版本

一、出版栏应载各项，须依下列次序：

（甲）出版年

（乙）出版地

（丙）出版者

（丁）版本

（戊）版次

（己）印书年，印书者，重印次数，丛书注。

二、出版年

（甲）出版年指制版之年而言，另版书籍以另版之年为出版年，重印不作另版，仍以初制版之年为其出版年。

（乙）出版年均用帝王年号及其年数，如“清光绪二七年”。如原书系用甲子，须将甲子翻成帝王年号。欲附公元，须用括号。

（丙）民国以前出版年，须加朝代名于帝王年号之前，如“明万历三年”。

（丁）民国期内出版书籍，以“民”代“民国”，再加年数，如“民十三”。

（戊）一书数册，非同时出版者，须注明其最先及最后之年，如“光绪三至四年”。

（己）如第一册或前数册出版年在以次数册出版年之后，须分别注明之，如“册一，民二；册二至六，清光绪二十二至二十六年”。

（庚）无出版年，则以注册或审定之年代之，惟须于年后加“注册”或“审定”字样，如“清光绪三十三年审定”。

（辛）无出版年及注册或审定年，则以序跋年代之，惟须于年后加“序”或“跋”字样，如“清宣统三年序”。

（壬）一切年代皆不详时，则将估定出版之年，用铅笔写于括弧内，如“清光绪三年”。无法估定时，则空一地位，待日后填补。

三、出版地

（甲）一书数册，每册出版地不同者，须分别写出。

四、出版者

（甲）出版者乃指发行者而言，代印及代售者，不在此例。

（乙）出版者不详，则以经售者代之。

（丙）如出版者系个人及机关合任，则仅写机关名。

（丁）出版机关，如甚著名，可缩记之，如“商务印书馆”则仅写“商务”。书局以地名为名者，如“浙江书局”，不得缩写。

（戊）一书数册，非一家出版者，各出版者均须写出。

（己）一书系数家合出版者，只写其最著名之一家。

（庚）如出版者，为某书著作人或某个人，则写“著者自刊”，或“某氏家刊”等字样。

五、版本

（甲）意义——雕版谓之版，藏本谓之本，故版本可分为外质及内容二种。前者包含钞写刊印之种类及其优劣；后者注重书中字句之校雠及篇章之考证。

（乙）位置——写于出版者后，如“清光绪二年，浙江书局据明世德堂本刊印”；“民十，上海，商务据殿本影印”。

（丙）版本种类，如“抄本”“刻本”“石印”“影印”“铅印”等，须照注明。惟新式书局，如商务中华等家所出版之书，系用铅印者，则不必注明。木板之书，如刻板及印书之年不同，须分别注明，如“清光绪十一年刻板，民九重印本”；如二者之年相同，即写

“○○○年刻板初印本”；如二者之年，无从分别，则只写“○○○年刻本”。

六、版次——版经修改或增补者，谓之另版，以“再版”，“三版”等注明之。原书有“改订”或“增补”等字样者，须照录于版次前。

七、印书年，印书者，及重印次数。

（甲）印书年与出版年不同，或印书者与出版者不同时，应分别注明。

（乙）重印乃指以原版复印而言，与版次不同。

（丙）位置——印书年，印书者，及重印次数，各以“，”号隔开，写于版本或版次之后，如“清光绪二十三年，元和江氏师邴室刊本；民十，苏州，振新书社六次重印”。

八、丛书名皆照原书所载者，写于版次后括弧内，如（《四部丛刊》本，）（《北京大学丛书》之七）。

第四章　记图卷

一、图卷栏应载各项，须依后列次序，各以“，”号隔开。

（甲）面数或页数。

（乙）卷数或篇数。

（丙）册数。

（丁）函数——如果书册数，到馆后，另行分配改装则注明“改钉几本”或“改装几函”字样。

（戊）种数——丛书中所收各书，应计其种数。

（己）缺数——一书卷数，流传至今有缺佚者，必注明之。

（庚）图解——分后列数种：

1. 图画 = 图（缩写）。

2. 肖像 = 像。

3. 地图 = 地——系挂幅抑书本，及比例尺，均须注明。

4. 表册 = 表。

（辛）书之大小——书之厚薄，大概可由页数或面数得知。书之长宽可用公尺（metric system）量之。但普通图书馆对于书之大小，可从略，惟过大或过小册本，须另置一处者，应在书码中以“大”或“小”字注明之，如不用尺量书之大小，可用“袖珍”“小字”“大字”“八开本”“四开本”等字样说明之。

二、书之装钉，用下列符号说明之：

中 = 中装

洋 = 洋装

三、册页记法。

(甲)各种书籍,不论其为部,篇,卷,章,凡分订者,概称一册。

(乙)单册近著,有面数者,应记其面数。

(丙)旧式书有卷数或篇数者,记其卷数或篇数,否则记其页数。

(丁)单册书之面数或页数,非从首至尾一贯记数者,应将每面数或页数写出,用“加”字隔开,如“三七加六八面”。

(戊)原书未载明面数或页数者,应将其面数或页数计算,写于括弧内,如“三七八面”。

第五章　列细目

一、一书内容复杂包含数种不同类题目者，或为一人或数人所作其书名不足以表其内容者，或其内容纲要为阅者所欲知者，应将其细目载于目录片上。

二、细目愈简明愈佳，导言，序，跋及一切不重要细目从略。

三、如细目不甚冗长，可载于书名，著者及分类目录片上，否则只载于一种片上（分类或书名目录片），另用“互见”法指明。例如细目之载于书名目录片，则在著者目录片上注明“细目见书名片”等字样。

第六章　加附注

一、附注栏补记以上各栏未尽事项。如书之题签，题辞，序跋，收藏印记，参考书目，著者之更名或其姓名之误题，代作者之姓氏，书名之变更，某书为某书之续本，校注译者之增减补删，他人著作之刊附，书页之损坏不全，某书与某书合钉等项是也。

二、各种目录片附注事项，以对该片有实用者为限，各片毋须尽同。例如书名之变更，只须载于书名目录片；著者之履历，只须载于著者目录片；参考书目只须载于标题或分类目录片。编目者应按书籍性质，斟酌取舍。

三、著者姓名被误题，如《宝颜堂秘笈》所收《金华游录》误方凤为谢翱之类，则于著者栏中写方凤，于附注栏中注明“原题谢翱著误”。并为谢翱制一著者片，在该片附注栏中注明“著者当作方凤”字样。其余如书名，校者……等之被误题时，照此行款制片。

四、如一书系某人用别人名义代作，如《书目答问》名义著者，为张之洞，实际作者为缪荃孙，则于著者栏写张之洞，于附注栏注明“代作者缪荃孙”，并为缪荃孙制一著者片在该片附注栏注明“原书题张之洞著”字样。

五、一书之数版或一著者之各书，著者署名，间有不同。如所采用之姓名与原书所载不同时，应在附注栏注明“原书题〇〇〇著”字样。

六、一书数版，各版所题书名，间有不同。如续进馆之各版本册题书名与已采用者不同时，应仍依已采用之名制目录片，而于附注栏注明“原书题名○○○○”字样。

七、书名签及书名页所载书名与记诸该书正文起首处者互异时，应在附注栏注明“书名签或书名页题名○○○○”字样。

八、书有名家收藏印记，或名人手笔题识，应在附注栏注明之。

第二编　目录片之写法

第七章　书名目录片

一、定义——目录片以书名列第一行者，谓之书名目录片。

二、功用——使阅者能因书名查悉馆内有无某书。

三、行款。

（甲）书名——由第二直线起，写于第一横线，一行不够，第二行由第二直线退右一字起续写。

（乙）著者姓名——由第一直线起，写于第二横线上，书名遇已写出第二横线时，则著者姓名写在第三横线，如此类推。如一行不够，下行由第二直线退右一字起续写。

（丙）出版栏——写于著者之下一行，由第二直线写起，一行不够，次行由第一直线起续写。

（丁）图卷栏——随出版栏空二字地位写起，一行不够，次行由第一直线写起。若出版栏写至一行之末端即毕，则图卷栏由次行第一直线写起。

（戊）细目栏。

1. 位置——写在图卷栏之下一行，先写或用橡皮印印“细目”二字，然后将细目写于“细目”二字之下一行（见本章末附各图）。

2. 写法——

（a）一气写法。

1. 将细目中之书名著者连接写于每行中，每名后用“；”号隔开，写时由第二直线起，一行不够，次行由第一直线起续写（本章末附图)。

2. 细目中每目之书,如有数卷或数册须将其卷数或册数写出。

3. 细目中每目之书,如有二个或二个以上著作人,须将该著者姓名写于该目书名之后,用“,”号隔开。

(b)分行写法。

1. 将细目中之书名著者,每目写一行(见本章附图)。

2. 每目之书,如属全部书之第某卷或第某册,应将该卷第或册第写于目录片二直线中。

3. 每目之书名,由第二直线写起,一行不够,次行由第二直线退右一字地位起续写。

4. 每书著者姓名写法与“一气写法”同。

(e)无论用“一气”或“分行”写法,其细目次序,皆照原书,佚遗者则空一地位,以备填补。

(己)附注栏——自第二直线起,写于图卷栏之下一行,一行不够,次行由第一直线起续写(见本章末附各图)。

		居士集;一名,欧阳文忠全集
	欧	阳修,字永叔,号,六一居士(1007－1072)撰
		民十六,上海,中华据乾隆丙寅词堂本校
	刊	(四部备要本)　一五八卷二〇册,二函
		年谱,本传　在　第一册
		原书题名　　“欧阳文忠全集”
		◯

书名著者出版图卷附注写法例

		中说;一名,文中子
	王	通,字仲淹,私谥文中子(584 –618)撰
		清光绪二年,杭州,浙江书局据世德堂本刊
	印	(二十二子本)　十卷,二册,钉一本
		附:
		文中子世家　杜淹　撰
		○

一书歧名例

		欧阳文忠全集
	欧	阳修(1007 –1072)撰
		见
	居	士集
		○

书名见片例

		文忠集
	欧	阳修(1007 –1072)撰
		见
	居	士集
		○

书名见片例

		欧阳永叔
		见
	欧	阳修

著者见片例

		六一居士
		见
	欧	阳修

著者见片例

		文中子
	王	通(584－618)撰
		见
	中	说

注明参考书例

		中国韵文通论
	陈	钟凡(民国)著
		民十六,上海,中华(文学丛书第二种)四一
	八	面
		参考书目附每章末
		○

图卷栏之详载及题辞序跋之注明例

		蒙古鉴
	卓	宏谋著
		民十三,上海,商务,三版　四六六面,像,画,
	地	表
		附注:黎元洪,徐世昌,等题辞;林纾,等
	序	文
		○

节本例

		欧阳文粹
	欧	阳修,字永叔,号,六一居士(1007－1072)撰;
		陈亮(宋绍兴中进士)辑
		明刊本　二〇卷,一二册,二函
		附:本书有　项子京,锡山安氏,庸庵,史
	树	骏,等　收藏印记
		○

		居士集;一名,欧阳文忠全集
	欧	阳修,字永叔,号,六一居士(1007－1072)撰
		民十八,上海,商务,据涵芬楼藏元刊本影
	印	(四部丛刊本)　一五三卷,附录五卷,三
	六	册,四函
		细目
		居士集,五十卷;外集,二五卷;易童子问,
	三	卷;外制集,三卷;内制集,八卷;
		○ 见下卡

细目一气写法例

		居士集　第二卡
	表	奏书启四六集,七卷;奏议集,十八卷;杂著
	述	十九卷;集古录跋尾,十卷;书简,十卷;
	附	录,五卷
		○

细目一气写法例

		国故论丛
	中	华学艺社　辑
		民十五,上海,商务(学艺丛刊第十三种)
	一	七一面
		细目
		汉族西来说考证　屠孝实著
		周秦以前古代思想之蠡测　郭沫若著
		评易 吴晓初　著
		○ 见下卡

细目分行写法例

		国故论丛	第二卡
		南华道体观阐隐	屠孝实著
		荀子性恶篇平议	冯振著
		辩经原本章句非旁行考	伍非百著
		墨辩释例	伍非百著
		墨辩定名答客问	伍非百著
		评梁胡栾墨辩校释异同	伍非百著
		中国地图学史	李贻燕著
		○	

细目分行写法例

第八章　著者目录片

一、定义——目录片以著者姓名列第一行者，谓之著者目录片。

二、功用——使阅者能因著者姓名，查悉馆内有无该人所著书。

三、行款。

（甲）著者栏——由第一行第一直线写起，一行不够，次行由第二直线退右一字起续写。合著者姓名用“，”号隔开（见本章末附各图）。

（乙）书名——在著者栏下一行，第二直线写起，一行不够，次行由第一直线写起（见本章末附各图）。其余各项与书名目录片同。

（丙）出版栏——随书名后空二字地位连接写去。若书名写至一行之末即完，则出版栏由次行第一直线写起（见本章末附各图）。其余各项照书名目录片。

（丁）图卷栏——随出版栏后空二字地位连接写去。一行不够，次行由第一直线起续写（见本章附图）。其余各项与书名目录片同。

（戊）细目栏——只写不甚冗长或特别有用之细目，否则从略，用“细目见书名片”等字样注明（见本章附图）。

（己）附注栏——与书名目录片同。

	朱	熹,字,元晦,一字,仲晦,号,晦庵,别号,晦
		翁,或云谷山人,称,新安,谥文公(1130 -
		1200)撰
		晦庵集　　民十七,上海,商务,据涵芬楼
	藏	明刊本影印(四部丛刊本)正集,一〇〇卷;
	续	集,一一卷;别集,一〇卷;目录二卷;五十册,
	五	函
		〇

详列著者姓名字号别号地称谥号例

		朱晦庵
		见
	朱	熹
		〇

著者见片例

		朱文公
		见
	朱	熹
		〇

著者见片例

	朱	熹，字，元晦，一字，仲晦，号，晦庵，别号，云
		谷山人，称新安，谥文公（1130－1200）著；
		黎靖德（宋）编
		朱子语类　　清同治十一年，吕氏刊本
	一	四〇卷，四八册；装六函
		〇

语录言行录以主讲者为著者例

		黎靖德（宋）编
	朱	熹（1130－1200）著
		朱子语类　　清同治十一年，吕氏刊本
	一	四〇卷，四八册，装六函
		〇

语录言行录以主讲者为著者例

	蔡	元培，字，孑民（1867－　）著；北京大学新
		潮社　编辑
		蔡孑民先生言行录　　民九，北京大学出版
	部	（新潮丛书第四种）　　二册，像
		〇

言行录语录以主讲者为著者例

言行录语录以主讲者为著者例

		北京大学新潮社 编辑
	蔡	元培(1867－　)著
		蔡孑民先生言行录　民九,北京大学出版
	部	(新潮丛书第四种)　二册,像

著者见片例

		新潮社
		见
	北	京大学新潮社

合著书第一著者片例

	欧	阳修,字,永叔,号,六一居士(1007－1072),
		宋祁(998－1061)合著
		新唐书　清光绪十四年(1888),上海,图
	书	集成公司铅印(二十四史本)　　二二五卷,
	三	二册,四函

合著书第二著者片例

		宋祁，字，子京(998－1061)　与
	欧	阳修(1007－1072)合著
		新唐书　清光绪十四年(1888)上海，图书
	集	成公司铅印(二十四史本)　二二五卷，三
	二	册，四函
		○

著者片省去细目例

	中	华学艺社　辑
		国故论丛　民十五，上海，商务(学艺丛刊
	第	十三种)　　一七一面
		细目　见　书名片
		○

著者疑似例

	左	丘明(战国)？著；韦昭(三国，吴)注
		国语　　民元，湖北崇文书局据天圣明道本
	重	刊　　二一卷五册，钉一本
		附：国语明道本考异　汪远孙(清)著四卷
		○

古书著者不详以注者入著者栏例

	高	诱(汉)注
		战国策　　民元,湖北崇文书局据剡川姚氏
	本	重刊　　三三卷,五册,钉一本
		附:战国策礼记　黄丕烈(清)著　三卷
		○

以字行之著者片例

	杨	士奇,名,遇,号,东里,谥,文贞(1365－1444),
		等　篇
		文渊阁书目　　二〇卷
		(见　　读画斋丛书　　戊集)
		○

		杨遇,见
	杨	士奇
		○

		杨东里,见
	杨	士奇
		○

第九章　注，译，校者……等目录片

一、定义——目录片以注者，译者，校者……等姓名列第一行者，谓之注者，译者，或校者……等目录片。

二、功用——使阅者能因注者，译者或校者……等之姓名，查悉馆有无某人所注，所译或所校之书。

三、行款。

（甲）注者，校者或译者……栏。

1. 将注者校者……之姓名写于目录片第一行，由第二直线起，姓名与年代后加"注"，"校"等字样。

2. 注者，校者……之姓名字号及生卒年，写法与著者同（见第二章）。

3. 注校者如系二人或三人须每人另制一片，每片只写一人姓名。

4. 如一书著者不明，注校者之姓名已写于著者栏地位时（见第二章第十六节），则注校各人（如在二人以上）姓名皆写出，用"，"号隔开，最后写"合注""合校"等字样。

（乙）著者栏。

1. 著者姓名及生卒年，由第一直线起，写于第二行。字号别名从略。

2. 如校或注之本为译本，则将译者姓名写于著者后，用"；"号隔开。但制译者目录片时，仍将译者姓名写于注者，校者……栏，注校者姓名从略(见本章附图)。

(丙)书名栏——与著者目录片同。

(丁)出版栏——与著者目录片同。

(戊)图卷栏——只写册数卷数本数函数,余从略。

(己)附注栏细目栏——从略。

	刘	安,封,淮南王(汉)著;高诱(汉)注;刘文典
		(民国)集解
		淮南鸿烈集解　民十五,上海,商务,三版
	六	册,一函
		民十二,胡适序
		附:淮南天文训补注　钱塘(清)著一册
		○

书有校注者多人例

		高诱(汉)注
	刘	安(汉)著
		淮南鸿烈集解　民十五,上海,商务,三版
	六	册,一函
		○

每注者片只写该注者姓名例

		刘文典(民国)集解
	刘	安(汉)著
		淮南鸿烈集解　民十五,上海,商务,三版
	六	册,一函
		○

每注者片只写该注者姓名例

	格	莱夫斯(美国 F. P. Graves)著;吴康(民国)
		译;蒋梦麐(1884 -　　)校
		近代教育史　民十四,上海,商务,三版
	四	五五面
		○

书有译者及译本校者例

		吴康(民国)译
	格	莱夫斯(美国 F. P. Graves)著
		近代教育史　民十四,上海,商务,三版
	四	五五面
		○

译者片例

		蒋梦麐,字,兆贤(1884 -)校
	格	莱夫斯(美国 F. P. Graves)著;吴康(民国)译
		近代教育史 民十四,上海,商务,三版
	四	五五面
		○

译本校者例

		陈亮,字,同父(宋绍兴中进士)辑
	欧	阳修(1007 - 1072)著
		欧阳文粹 明刊本 二〇卷,一二册,
		二函
		附: 本书有项子京,锡山安氏,庸庵,史树
	骏	等收藏印记
		○

辑者片例

		梁观(清乾隆),等 绘画
	梁	诗正(清雍正进士),等 编纂
		西清古鉴 光绪十四年,上海,鸿文书局
	石	印。 四〇卷,二二册,四函,图。
		○

绘画者片例

第十章　标题目录片

一、定义——目录片标有一书所讨论问题之名目者，谓之标题目录片。

二、功用——将馆中关于某问题之各种著作，或某书之各方面性质，指示阅者。于一般不知书名或著作人之阅者，尤为有用。

三、标题名辞之审定——最好采用图书馆协会已审定之标题，以资划一。在标题名辞未统一前，应以下列各项为选择准则。

（甲）标题须用最通行或已由某著名团体公订之名辞，如中国科学社所审定之各种科学名辞。

（乙）拟定新标题名辞，须采取阅者最易认易记者。

（丙）对于同音同义等字，应参考各种小学书籍，以定取舍。

（丁）采用语辞，宜参考《图书集成》，《佩文韵府》，《骈字类编》，《辞源》及其他类书。

（戊）目录中已用之标题，每种均须用卡片登记，每片一题，题下注其定义及其相关系之名辞，依次编排以备参考，而昭划一。

四、各书标题之选择。

（甲）标题须能切实表示本书内容。

（乙）标题以专指为尚，如一书所讨论者为种茶法，则其标题应用“茶”字，不用“植物”二字。

（丙）传记年谱等书，以被传者姓名为该书标题。

（丁）名人与历史中某朝或某事有密切关系者，应为其有关系之朝代或事迹制一标题片，如《林文忠公政书》，应有“鸦片之战”标题片。

（戊）关于帝王个人之记载，以该帝王名号为标题，由其朝代制参照片，参见该帝王名号，如《明皇杂记》，应用“唐高宗”为标题，另制一“中国历史——唐”参见“唐高宗”参照片。

（己）史籍所记事迹有特别名称者，以该特别名称为该书标题，如《太平天国野史》，《湘军记》，即以“太平天国”为标题。

（庚）有时间性质之标题，应附年期，如“中日之战——一八九四至一八九五”。

（辛）一书内容含有地域性者，如《江苏之地质》，最好制二种标题片，如“江苏——地质”，“地质——江苏”。如只采用一种，则须另制一见片，由不用标题指见采用标题，如“地质——江苏”见“江苏——地质”。至采用何种，须视本馆性质为定。

（壬）一书内容，涉及数学科或数问题，每学科或每问题，须制标题目录片，如《理化教科书》应制“物理”“化学”二标题片；《诗经之女性的研究》应制“诗经”“妇女”二标题片。

五、标题参照片。

（甲）定义——由一种标题，指见他种标题，谓之标题参照片。

（乙）在下列三种情形之下，应制标题参照片：

1. 学科名辞，地名，人名有变更时，应制参照片，以免与已用名辞牴牾。

2. 互相关系之标题，在目录中均被采用时，应制参照片，为之贯串，使阅者可以检此知彼。

3. 同音同义之标题，只用其一者，应由其未用者制参照片，指见其已用者。

（丙）参照片之种类。

1. 见片——由编目者未采用之标题指见其已用之同意的标题者，谓之见片。如编目者，向不用“名学”，只用“逻辑”，则应如本章第五节(乙)款3项所云制见片如下:“名学”见“逻辑”。

2. 互见片——由一种标题指见有相关系之标题,谓之互见片,如投资学与公司理财,关系密切应如本章第五节(乙)款2项所云,制互见片如下:“投资学”互见“公司理财”。

3. 普通参照片——如所参照之处过多,则制一普通参照片,将所参照各处,概括记之(见本章末附各图)。

六、标题目录片行款。

(甲)标题——用红色墨水,由第二直线起,写于第一行。

(乙)标题细分时,前后两名辞应以短横——隔开:如政治学——杂志;中国历史——五代;杭州——风景。

(丙)其余各项,概照著者目录片。

七、标题参照片行款。

(甲)用红色墨水,将指见之标题,由第二直线起,写于第一行,题后加“,”号,再空二字地位,写见或参见等字样;将被指见标题,由第一直线起,写于第二行(见本章末附各图)。

(乙)普通参照片——用黑色墨水写,格式措辞见本章末附图。

八、标题目录片之多寡,应以图书馆对于某问题藏书之丰否为定。设馆中对于中国政党之书籍,收藏颇备则书籍之微小部分,短简的涉猎中国政党者,可不必制中国政党标题目录片。否则各书中零短篇章,论及中国政党者,必为之制标题目录片。

		中国历史——唐(618－987)
	欧	阳修(1007－1072)， 宋祁(998－7061)合著
		新唐书　清光绪十四年(1888),上海,图
	书	集成公司铅印(二十四史本)　二二五卷,
	三	二册,四函
		○

标题目录片例

		历史
		各国历史　见　各该国国名；　如：
		中国历史
		○

普通参照片例

		哲学——中国
	朱	熹(1130－1200)撰;黎靖德(宋)编
		朱子语类　清同治十一年,吕氏刊本　一
	四	○卷,四八册,装六函
		○

标题目录片例

		理学　见
	哲	学——中国
		○

标题见片例

		中国哲学　见
	哲	学——中国
		○

标题见片例

		哲学　互见
	形	而上学
	伦	理学
	美	学
	实	验主义
	进	化论
		○

标题互见例

一书可标数题例

		经学——石经
	桂	馥，字，未谷（清乾隆进士）著
		历代石经略　清光绪九年刊本　二卷，
	二	册，钉一本
		○

一书可标数题例

		金石学
	桂	馥，字，未谷（清乾隆进士）著
		历代石经略　清光绪九年刊本　二卷，
	二	册，钉一本
		○

互见例

		金石学，互见
	经	学——石经
		○

互见例

		经学——石经，互见
	金	石学
		○

以人名为标题例

		李商隐(812－859)
	张	采田，字，孟劬(民国)编
		玉溪生年谱会笺　　民六，南林刘氏求恕斋
	刊	本　　四卷，四册，一函，像
		附：　刘承干孙德谦王国维等序
		○

普通参照片例

		传记
		个人传记年谱　见　各该被传人姓名
		○

第十一章　分析目录片

一、定义——依一书中篇章附录之名目，著者，注者……等，或其内容，所制之目录片，谓之分析目录片。

二、功用——将一书之重要内容，篇章名目及其著者显示阅者。

三、下列各种，应制分析目录片——合订书籍，有独立性质的附录之书籍，内容复杂之书籍，或某部分曾以单行本出版者之书籍。

四、分析目录片之种类。

（甲）书名分析目录片。

1. 从书杂著及总集中之书名或篇名，应制书名分析目录片。

2. 他种书籍，其中篇名如系小说或剧本名，或为阅者所熟知之名目，应制书名目录片，否则从略。

（乙）著者分析目录片。

1. 从书杂著及总集中各书著者，应制著者目录片。

2. 一书之某篇某章，为著名人所作者，应制著者分析目录片。

（丙）标题分析目录片。

1. 从书中各书及杂著中之著名篇章，应有标题分析目录片。

2. 他种书籍，应否制标题分析目录，可依下列标准酌定之：

（a）依馆中关于某问题藏书之多寡——关于某问题之藏书愈少，则他书中之篇章，有涉猎该问题者，愈应制标题分析目录片。

(b)依馆中藏书之政策——如馆内政策，对某问题之书，特别搜罗，则一书之篇章，有关该问题者，应制标题分析目录片。

(丁)校者，译者，注者，等分析目录片——只择其著名或重要者，制分析目录片。

五、一书之细目，已制分析目录片者，应在该书书名，著者，标题目录片上细目栏，将同样细目叙明。

六、分析目录片之行款。

(甲)书名分析目录片。

1. 书名栏——将分析之书名，由第二直线起，写于第一行，一行不够，次行由第二直线起退右一字地位续写(见本章末各图)。

2. 著者栏——著者姓名字号别名及生卒年，由第一直线起，写于书名之下一行，译者校者等从略(见本章末附各图)。

3. 出版栏——寻常俱从略，惟分析书之出版年与全书之出版年不同时，应将该分析书出版年写于著者栏之下一行，由第二直线写起(见本章末附各图)。

4. 图卷栏——随出版栏后空二字地位写起，只写卷数或册数，图解等从略，如被分析之书或篇章为全书之某卷或某册，而该全书自首至尾有一贯的面数卷数或册数者，应将其面第卷第或册第，写于见注内。见注内已写册数，图卷栏从略(见本章末附各图)。

5. 分析见注。

(a)由第二直线起，写于图卷栏之下一行。

(b)先写“见”字，再空约一寸地位，写分析书所隶属的全书之书名，分析书在全书中之面第，卷第或册第，随后再写全书出版年(见本章附图)。

(c)出版年以写在主要目录片上者为根据，如全书非同年出版，应写其最先及最后之年。

(d)见注各节须用()号括入。

(乙)著者分析目录片。

1. 著者姓名字号及别名，概照著者目录片。由第一直线写起，写于第一行，校者，注者等从略。

2. 书名栏由第二直线起，写于著者之下一行。一行不够，次行由第一直线起续写。

3. 出版栏及图卷栏，与书名分析目录片同，书名后空二字地位写出版年等项，如书名写至一行之末即完，则出版年等项，由次行第一直线写起。

4. 分析见注——与书名分析目录片同。

（丙）标题分析目录片。

1. 标题之选择及写法，照标题目录片。

2. 著者，书名，出版栏，图卷栏及见注写法，照著者分析目录片（见本章附图）。

（丁）校者，译者……等分析目录片。

1. 姓名写法，照校者，译者……等目录片（见第九章）。

2. 著者，书名，出版栏，图卷栏，见注写法，照著者分析目录片，惟著者姓名后之字号别号从略。

		易童子问
	欧	阳修，字，永叔，号，六一居士（1007－1072）撰
		（见 5359.1/31　居士集卷七六至七八
	民	十六，四部备要本；民十八，四部丛刊本）
		○

书名分析片例

著者分析片例（见注中号码系哈佛大学汉和文库之分类号码及书码）

	杜	淹，字，执礼（唐）著
		文中子世家
		（见 1228/71　中说，王通著，第十卷；　光
	绪	二年二十二子本）
		○

标题分析片例

		人种学
	屠	孝实（民国）著
		汉族西来说考证
		（见 9160/507　国故论丛，第一至十九面
	民	十五）
		○

注者分析片例

		钱塘，字，学渊（清乾隆进士）注
	刘	安（汉）著
		淮南天文训补注
		（见 1162/72　淮南鸿烈集解，第六册，　民
	十	五）
		○

第十二章　丛书目录片

一、丛书意义。

（甲）定义——各种书名不同而且有独立性质之书，为一人或多人所编著，经汇集成部，命有总名者；同时或先后出版之各种单书由主校者编入某有名目之统系者，谓之丛书。如《章氏丛书》，《粤雅堂丛书》，《北京大学丛书》，《国学小丛书》。

（乙）丛书与总集之别——汇集性质大致相同，章篇零短，且无独立书名之著作，谓之总集。其章篇成书，且有独立之书名如（甲）款所云者，谓之丛书。

（丙）丛书与类书之别——按各种学科或一学科之各问题，采取各书之精华，或由专家编著而成之书，其内容系依分类式或检字式编排者，谓之类书；其不若是之编排如（甲）款所云者，谓之丛书。类书内容之普遍性质，既人人皆知，故无须在片上开列细目及另制分析目录片。

二、丛书编目法分二种：

（甲）合置丛书编目法。

1. 个人丛书及汇刊丛书，有因形式或性质之故，不能分散者，应合置一处。

2. 此种丛书，应以丛书为单位，照单种书籍编目（见本章附图）。

3. 图卷栏卷数册数前，应写该书所收书之种数。

4. 丛书中所收各书书名，应在细目栏中列出。

5. 丛书中各书，应有书名，著者及标题分析目录片。

6. 如丛书中各书，非同时出版者，应将每书出版年，在分析目录片上注明。

（乙）分置丛书编目法。

1. 丛书中各书性质不同，而又系分订自成册本，形势上容易分开者，应按其性质拆散，以各书为单位，分别制各种目录片（见本章附图）。

2. 单行本书籍，系某丛书之一种者，依此法编目（见本章附图）。

3. 丛书中各书，须照普通单种书一样，编制书名，著者，标题等目录片，并于各片上出版栏注明该书系某丛书之一种或第几种。

4. 分置丛书，应制丛书总括片，其法于后。

（a）将丛书名，编者，校者，或刊者姓名，由第一直线起，依次写于目录片之第一行，一行不够，次行由第二直线退右一字地位起续写，丛书名与编者名用"；"号隔开（见本章末各图）。

（b）丛书中各书如系同时出版，则将该出版年写于丛书名及编辑者姓名之下一行，由第二直线退右一字地位写起。

（c）出版年之下空一行，再将丛书内各书，依原有次序，分行写出，由第二直线写起，一行不够，次行由第二直线退右一字地位起续写（见本章末各图）。

（d）丛书中各书，每种只将其书名，著者名及出版年（在二册以上者写册数）写出。如各书系同时出版，则出版年无须复写。

（e）如某书属于丛书之第几种或第几册，须将种第，册第，写于二直线之间。无种第册第者，即将该书本身卷数及册数，写于出版年后（见本章各图）。

（f）一片不够，需用第二或三四片时，须于第一片右下角注"见下片"字样，于次卡右上角注"第二片"字样，三四及以后各片，照此填写。

三、丛书之校辑者，应有目录片，惟该片上毋须写细目，只写“细目见丛书片”即足（见本章末各图。）

四、丛书之合置与分置，应以丛书中各书装订情形，厚薄，册数及性质为标准。若某种丛书，馆内有二部，最好一部合置，一部分置。

		粤雅堂丛书。
	伍	崇曜，原名，元薇，字，紫垣（清道光）辑
		清咸丰三年，南海，伍氏刊本，一七〇种，
	三	〇集，三四〇册，三四函
	册	细目
	一	至二　南部新书，十卷　钱易（宋）撰
	三	至四　中吴纪闻，六卷　龚明之，，，，
	五	志雅堂杂钞，　二卷　周密，，，，
		〇 见下片

合置汇刊丛书片例

		粤雅堂丛书　第廿七片
	册	三三九　烟霞万古楼诗集，二卷，王昙（清）撰
	三	四〇　仲瞿诗录，　一卷，徐渭仁
		〇

合置汇刊丛书片例

	钱	易(宋)撰。
		南部新书。　　十卷。
		(见 9100/2211　　粤雅堂丛书　第一至
	二	册，　咸丰三年)

合置汇刊丛书著者分析片例

		南部新书。
	钱	易(宋)撰。
		十卷。
		(见 9100＼2211　　粤雅堂丛书　第一至
	二	册，　咸丰三年刊本)

合置汇刊丛书书名分析片例

		章氏丛书。
	章	炳麟,号太炎(1867 -　　　　)著
		民六至民八,杭州,浙江图书馆刊本。
	一	三种,二四册,三函。
		细目
	册一	春秋左传读叙录　　　　一卷
	二	镏子政左氏说　　　　一卷
	三	至五文始　　　　九卷
		见下片

合置个人丛书书名片例

合置个人丛书著者片例

	章	炳麟，号，太炎（1867 –　　　）著
		章氏丛书　民六至民八，杭州，浙江图书馆
	刊	本，一三种，二四册，三函
		细目
	册 一	春秋左传读叙录　　　　　　　一卷
	二	镏子政左氏说　　　　　　　　一卷
	三	至五文始　　　　　　　　　　九卷
		○ 见下片

合置个人丛书书名分析片例（个人丛书著者片上如已详列该丛书细目则其所包含各书毋须制著者分析片）

		国故论衡
	章	炳麟（1867 –　　　）著
		三卷
		（见 9100/0492　　章氏丛书　第十三至十
	五	册，　民六至民八）
		○

合置汇刊丛书辑者片例

	伍	崇曜，原名，元薇，字，紫垣（清道光）辑
		粤雅堂丛书　清咸丰三年，南海，
	伍	氏刊本，一七〇种，三〇集，三四〇册，三四函。
		细目　　见　　丛书片
		○

	国	学小丛书； 王云五 主编
4608/041		古代政治思想研究 谢无量著 民十二
458/041		诗经研究 谢无量著 民十二
458/0416		诗经之女性的研究 谢晋青著 民十三
1042/821		儒教与现代思潮 郑子雅译 民十三
5280/839		陶渊明 梁启超 著 民十二
		○

分置丛书总括片

各书书码（每书码系合每书分类号数及该书在该分类中之次号而成）

		王云五，字，岫庐（1887 - ）主编
	国	学小丛书。
		细目 见 丛书片
		○

分置丛书校辑者片

	四	部备要；陆费逵 （民国）总勘；高时显（民	
		国）校辑。	
		民十六至二〇， 上海，中华仿宋版重	
	印		
		细目	
		四书集注 朱熹（宋）集注	六册
		周易王韩注 王弼（晋）注	三册
		尚书孔传 孔安国（汉）传	三册
		○	
		见下片	

分置丛书总括片

		陆费逵(民国)总勘。
	四	部备要。
		细目　　见　　丛书片

分置丛书校者片

		古代政治思想研究。
	谢	无量(民国)著。
		民十二,上海,商务　(国学小丛书之一)
	六	三面

分置丛书之单书书名片例

	梁	启超,字,卓如,号任公(1873-1929)著。
		陶渊明。　　民十二,上海,商务(国学
	小	丛书之一)　　一一九面

分置丛书之单书著者片例

第十三章　特殊图书目录片

一、合订书籍

（甲）二种以上书籍，合订后，另有一总括书名者，照合置丛书编目。

（乙）无总括书名者，以每书为单位，编制书名，著者名及标题等目录片，惟须在每片上注明“与某书合订”字样。

（丙）不重要小册子，可将性质相近者数种合装一盒，编一标题目录片，不必另制著者及书名目录片。

二、重本，另版，索引，答案，附图，补编，书目等类。

（甲）重本书籍，不另制目录片，只将“重本”二字写于第一部书目录片上之附注栏内，于该二字后，用铅笔加上重本数目，如“重本一。”“重本二。”

（乙）另版书籍，只须于第一部书目录片上附注栏内两直线之间，写一“又”字以代著者及书名，再写出版年版本，版次及册数，函数等项（见本章末各图），不另制目录片。

（丙）补篇不另制目录片，只将“补篇”二字，及其出版年，并卷，册，函数目，写于本篇目录片上。

（丁）索引附图及答案，编目与补篇目。

（戊）各种学科书目，或某书内之重要参考书目，应另制标题目录片。

三、杂志年鉴类

(甲)杂志名由第一直线起,写于第一行,一行不够次行由第二直线退右一字起续写(见本章附各图)。

(乙)出版栏由第二直线起,写于杂志名之下一行,只写出版地及出版者,不写出版年。

(丙)将杂志出版期限,如周刊,半月刊,月刊,季刊,等随出版栏后空二字地位注明之,其期限已详于杂志名者,如《小说月报》,则不必如此注明,如杂志有图画,须注"插图"二字于出版期限之后。

(丁)出版栏下一行由第二直线退右一字起,写"本馆备有"四字,再下一行,由第二直线起,写卷数,期数及出版年月,最近之卷,期数及年月,用铅笔写,以便更改。

(戊)杂志编辑人,常有更换,故只将其姓名列于附注栏内,如各卷编辑人不同,则须注明何卷为何人所编如"卷一至四陈独秀编辑","卷五至六胡适编辑"。

(己)出版者如有更改,须将最近地点及出版者,写于出版栏中,如出版栏已写旧出版处而又不愿重制新目录片,则将新近出版处注明于附注栏亦可。

(庚)停版,改出版期限,改名或归并等事项,须在附注栏注明。如"至卷七(民八)停版";"《解放与改造》改名《改造》"。后者尚须于《改造》目录片上注"续《解放与改造》"字样。

(辛)上列(戊)(己)(庚)三款各事项须另写一片(第一片只写杂志名,出版地期限,插图及出版者,并本馆备有某卷等项)。

(壬)杂志编辑者目录片。

1. 编辑者姓名,由第二直线起,写于目录片之第一行。

2. 杂志名,由第一直线起,写于编辑者之次一行(见本章附各图)。

(癸)专门杂志,应按其性质,编制标题目录片,惟于第一行,写标题而不写编者姓名而已。

（甲甲）停版杂志，于停版后进馆者，照普通书籍编制目录片。

（甲乙）年鉴目录片与杂志同。

四、政府及会社出版物

（甲）政府或会社出版物，如系书籍，照普通图书编目；如系定期刊物（日报年报等），照杂志编目。

（乙）法律，约章等文件，以各该负责政府为著者。

（丙）政府机关或会社职员所编辑之报告，说帖等，以该机关或会社为著者，编著者目录片，以原编人制代作者目录片。

（丁）政府机关或会社文件，经私人汇辑者，仍以该私人为编著者制著者目录片。

（戊）中国政府各机关前，须加“中国”二字，他国亦然。中央各部所属机关，须冠以部名，如“中国——工商部——商标局”。惟各院所属机关久已著名者，可不必冠以院名，如“中国行政院——侨务委员会”只写“中国——侨务委员会”。

（己）会社中之演讲录，以演讲人为著者，编著者目录片，以该会社名编丛书总括片（见本章附图）。

（庚）政府机关名称，如有更改，续出之书，应用其最近机关名称制目录片，并由旧名制见片指见其最近之新名。

五、刊物剪裁

（甲）杂志选录及新闻剪裁，大概只制书名及标题目录片。每片注明选自某杂志某卷某年月，或剪自某报某年月日等字样。出版及图卷栏从略。

（乙）如所选之文，为一人所作，则以原著者名，制著者目录片。

（丙）如所选之文，为多人所作而又辑自一种刊物者，以刊名制目录片；辑自数种刊物者，以辑者名制目录片。

		戊戌六君子遗集
	张	元济(民国)辑
		民八,上海,商务,铅印, 六册,一函
	册	细目
	一	谭嗣同(清)著 寥天一阁文 二卷;
	二	莽苍斋诗 二卷;
		补遗 一卷;
		远遗堂集外文 一卷;
		○ 见下片

		戊戌六君子遗集 第二片
	册三	林旭(清)著 晚翠轩集 一卷
		杨锐,, ,,说经堂诗草 一卷
	四	刘光第,, ,,介白堂诗集 二卷 五至
	六	杨深秀,, ,,雪虚声堂诗钞 四卷
	六	奏稿 一卷
	六	康广仁,, ,,遗文 一卷
		○

	谭	嗣同,字,复生,号壮飞(1865－1898)著
		莽苍斋诗　　二卷,补遗　　一卷
		(见　　　戊戌六君子遗集第二册)
		○

上列丛书片细目中之各书皆须如此片编制著者及书名分析片

		莽苍斋诗
	谭	嗣同(1865－1898)著
		二卷,补遗　　一卷
		(见　　　戊戌六君子遗集第二册)
		○

	寒	山子(唐释)著
		寒山子诗集　　民八,上海,商务据建
	德	周氏影宋刻本影印,　　(四部丛
	刊	本)　六一页。
		闾邱胤(唐)序
		附:丰干拾得诗　　四九至六一页
		○

	拾	得(唐释)著
		诗存
		(见　　寒山子诗集　　四九至六一页,
	民	十八,四部丛刊本)
		○

	丰	干(唐释)著
		诗存
		(见　　　寒山子诗集,四九至五二页,
	民	十八,四部丛刊本)
		○

	胡	适,字,适之(1871－　)著
		尝试集　　民十五,上海,亚东,八版
	一	九四面
		与　　胡怀琛辑　尝试集批评与讨论　合
	钉	一本
		○

由售书处或图书馆自行合钉书籍目片例

	胡	怀琛(民国)辑
		尝试集批评与讨论　　民十六,上海,泰东
	六	六面
		与　　胡适著　尝试集　合钉一本
		○

由售书处或图书馆自行合钉书籍目片例

另版例

	蔡	沈,字,仲默,号九峰,谥文正(1166－1239)传
		书经集传;一名,尚书蔡传。
	清	光绪七年,金陵书局刊本,六卷,四册,
	合	钉二本。
	又	光绪十七年,　金陵,奎璧斋据莆阳　郑氏
		订本刻。　四册,一函,
	又	庆应二年,　日本刊本　六册,钉二本,
		○

索引目录附载例

	图	书集成,“钦定古今”。
		清光绪十至十三年,　上海,图书集成公司
	铅	印。一○○○○卷,一六五八册,钉七○
	○	本,画,像,地,图,表
	又	索引(英文),翟氏编　英国伦敦博物院本一
		九一一年　一册
	又	分类　目录　日本文部省编　明治四五年
		一册
		○

杂志例

	东	方杂志
		上海商务　　半月刊,插图
		本馆备有
	十	四卷至廿四卷　　　民六至民十六
		○ 见下卡

	东	方杂志　　　　　　　　第二卡
		月刊：　一至十六卷
		半月刊：　十七至廿四卷
		陈仲逸　主编：　十四卷至十七卷十五号
		钱智修　主编：　十七卷十五号至
		○

杂志例

		钱智修　　　编
	东	方杂志　十七卷十六号至
		民九,八月至
		○

杂志编者片例

	中	国年鉴
		上海,商务
		第一回　民十三　阮湘　主编
		○

年鉴例

政府文件经私人汇辑者仍以该私人为著者例

	商	务印书馆　辑
		教育新法令　　民十二，上海，商务，七版
	六	册，钉一本
		○

以政府机关为著者例

	中	国外交部　中俄交涉公署
		中俄会议文件　〔民十三，北京〕六册，
	装	一函
		细目
	册一	中俄旧约节要
	二	中俄问题往来文件
	三	中俄临时协定
		○ 见下卡

杂志选印单篇例

	赵	元任　著
		中西星名图考
		转印　科学　第三卷，第三期，民六，
	三	月
		○

	日	用百科全书;王言纶　主编
		民十四,上海,商务,十三版,二册,画,表,
	又	补编:王云五,等编,民十五,再版,
		一册
		○

原书与补编同列一片例

第十四章　目录片之索引

一、目录片索引之功用，在记录本馆对于一书所制之目录片，共有几张。设某书目录片上所记事项有更改，或原书遗失，关于该书目录片须取消时，一检索引，即知其余各片之所在。

二、索引应写于书名目录片背面，先将卡片倒转，使圈孔在上，然后将该书已有各种目录片上第一行数字抄录其上（见本章附各图）。

三、人名，地名及普通参照片，不必列入索引，因其所指者非仅特别一书也。

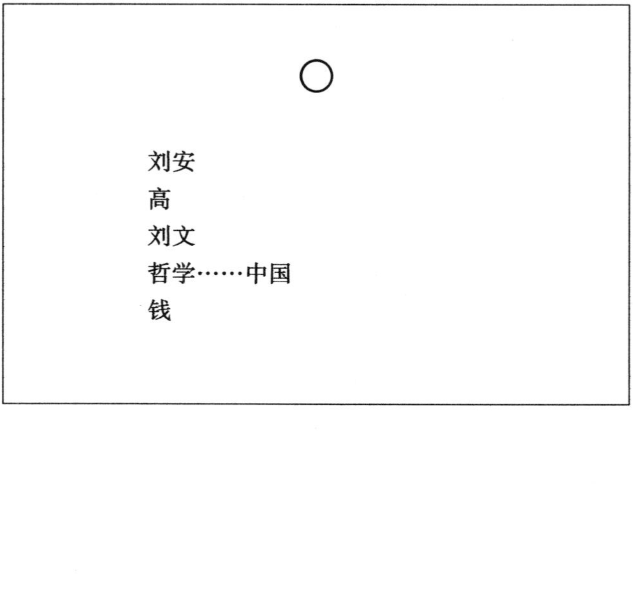

《淮南鸿烈集解》书名片背面索引例

目录片索引例

《历代石经略》书名片背面索引例

○

桂

经学………石经

金石学

第三编　目录之种类及其排列

第十五章　字典式目录

一、字典式目录，系混合下列三种目录之卡片，按检字法排成。

（甲）书名目录——以书名目录片及各种关于书名之参照片，按检字法排成者。

（乙）著者目录——以著者校者注者译者，编辑者等目录片及各种关于人名地名等之参照片，按检字法排成者。

（丙）标题目录——以标题目录片及各种关于标题之参照片，按检字法排成者。

二、字典目录之功用，在会合各种目录片于一炉，排成一有统系的顺次，使阅者在此目录中检查某书，如在字典中检字然，一按书名或人名或地名或团体名或标题名之笔画检寻，即得关于某书之目录片。

第十六章　书架目录

一、定义——目录中各片，依书架次序排列者，谓之书架目录。

二、功用——书架目录，乃供编目者之参考，及检点统计馆内图书之用。

三、书架目录片行款——与书名目录片同，惟图卷栏（除书之种数，册数，本数，函数仍须写出外）附注栏及细目栏可省去。

四、登录事项——各书到馆时即将书之来源（如某人赠，某处购），进馆年月日，及价目，写于书名面之背面，编书架目录时，即将此等事项写于卡片之下端（见本章附图）。

五、书架目录片，以每部书为单位，重本书籍，须另制一片。

<table>
<tr><td>2120/412</td><td></td><td>历代金石略</td></tr>
<tr><td></td><td>桂</td><td>馥（清）著</td></tr>
<tr><td></td><td></td><td>清光绪九年，刊本　　二卷，二册，钉一本</td></tr>
<tr><td></td><td></td><td></td></tr>
<tr><td></td><td></td><td></td></tr>
<tr><td></td><td></td><td></td></tr>
<tr><td></td><td></td><td></td></tr>
<tr><td></td><td></td><td>○
18|3|6　千顷堂 $1.50</td></tr>
</table>

书架目录片例

1010 4233		
	胡	适,字,适之(1891 -　　)
		中国哲学史大纲　　上卷,　　民十五,上海,
	商	务,十二版,　　(北京大学丛书之一)三九八
	面	
		民七,蔡元培序
		附录:　　诸子不出于王官论
		○ 18|7|16　著者赠

利用印就片为书架目录片例

第十七章　分类目录

一、定义——按图书馆分类法排列目片之目录，谓之分类目录。

二、行款——照书名目录片（见第七章）。惟细目栏从略，只写“细目见书名卡”等字样。

三、分类分析目录片。

（甲）互著——一书内容，兼涉数类学科者，应制分类分析目录片，分入各类。如《孟子》除一片入经部外，应至少制二分类分析目录片，一入哲学类，一入政治思想类。

（乙）别裁——一书中篇章所论者非尽属该书正论范围，应有分类分析目录片，以表示该篇章之论题。如《欧阳修居士集》中之《易童子问》。

（丙）行款——分类分析目录之行款，可照书名分析目录片，惟各片上除该书所有之分类号码外，应将其分析各类之号码，写于片之左下角（见本章附图）。

四、分类目录之参照片——分类目录，如标题目录，应有各种必需之参照片。行款与标题参照片同，惟类名前应冠以该类号码，排列以号码而不以类名之笔画（见本章附图。）

五、分类目录片索引——一书如有分类分析目录片，须将该分类分析目录片之分类号码，记于该书分类目录片之背面，备检查时之用。

六、分类法索引——分类目录之排列，系照图书馆分类法之次序，已如定义中述明（见本章第一节），惟此种分类法之次序及代表各类之号码，往往非阅者所熟悉，故为便利检查起见，须将馆中分类法索引，置一份于目录柜就近。

七、分类目录与书架目录——分类目录与书架目录之编排同，不过另添分类分析目录片及参照片（见本章第三四节）而已。故图书馆如不制分类目录，可以书架目录代之。如二种皆有，则将分类目录置于阅览室，而以书架目录存编目室。

八、分类目录与标题目录之比较。

（甲）分类与标题目录，皆系将书籍之各方面性质，指示阅者。

（乙）分类目录，目的在将各书所属之门类，概括指出，利在能表现学术之统系，使代表性质相关书籍之目录片，能排在一处，弊在不能细分；且因其依照图书馆分类号码排列之故，阅者必先由分类索引找得号码然后方能按码检查目录片，手续间接，诸多不便。

（丙）标题目录，目的在将各书所讨论之各种题目标出，利在能够细分门类，且其排列，系依标题之笔画，阅者可按标题笔画直接检得目录片，但代表性质相关书籍之目录片，每因标题按笔画排列之故，时有拆散之弊。

（丁）欲将馆所藏书籍，尽量显示阅者，最好分类与标题目录皆备，以收互助之效。

分类互著片例

2120/412		历代石经略
	桂	馥（清）著
		清光绪九年刊本　　二卷，二册，钉一本
		○

2120/412 系哈佛大学图书馆汉和文库分类法代表　金石学/桂馥　之号码。

190/412		历代石经略	分类互著片例
	桂	馥(清)著	
		清光绪九年刊本　　二卷,二册,钉一本	
书在			
2120/414			
		○	

190/412 系代表　　经学……石经/桂馥　　之号码。

190		经学………石经	分类互见片例
		互见	
2120	金	石学	

190 系哈佛大学图书馆汉和文库分类法　代表　经学……石经　之号码。
2120 系代表　金石学　之号码。

2120		金石学	分类互见片例
		互见	
190	经	学……石经	
		○	

5359.1 /31		居士集;一名,欧阳文忠全集
	欧	阳修,字,永叔,号,六一居士(1007－1072)著
		民十八,上海,商务,据涵芬楼藏元刊本影
	印	(四部丛刊本) 一五三卷 附录 五卷,三
	六	册,四函
		细目
		居士集,五十卷;外集,二五卷;易童子问
	三	卷;外制集三卷;内制集,八卷
		○ 见下卡

分类别裁所指见片例

5359.1/31 系哈佛大学图书馆汉和文库分类法代表 中国文学……别集……宋……欧阳修全集 之号码。

231/787		易童子问
	欧	阳修,字,永叔,号,六一居士(1007－1072)著
		(见5359.1/31 居士集,卷七六至七八,
	民	十六,四部备要本; 民十八,四部丛刊本,)
		○

分类别裁片例

231/757 系代表 易经注……宋……欧阳修 之号码。

第十八章　目录排列法

一、排列原则(字典式目录)

(甲)目录片排列所据之各字,字同而所指不同,依下列次序排目片之先后:(1)人名(2)地名(3)会社或政府机关名(4)标题名(5)书名。

(乙)著者姓名同,依其字号或别号谥号之笔画,排先后。

(丙)姓名字号别号及谥号等均同,以其生卒年之先后为序。

(丁)一著者名下各书目片之排列,依下列次序(1)全集(2)选集(3)单书——依各书名之笔画排列,各书节本及他人所著关于各书之批评,应随列于各该书之后(4)该著者所著书之书目及他人所作讨论该著者并其著作之书目(5)他人所作讨论该著者本人及其著作之书。

(戊)地名同,将其所隶属之地地名,括附其后,依该所隶属地地名之笔画排列。如靖安(江西)。靖安(奉天)。

(己)标题同,依著者姓名之笔画排列。

(庚)标题细分者,依其细分标题名笔画排列。惟一国历史后所细分之朝代名,依朝代先后而不以朝代名笔画排列。

(辛)书名同,依著者姓名之笔画排列。

(壬)一书之各种版本,依其出版先后排列,后版列前。初版列后。

(癸)译本书片应排于原本书片后。

二、排列号码缀成法：

（甲）排列号码根据王云五《四角号码检字法》（见附录三）。

（乙）第一行第一字取四角，四角相同时取五角，成四位或五位数号码，写于卡片左上角之第一行（见本章附图）。

（丙）第一行第二字取左上右上左下三角，第三字左上右上二角，第四第五字各一角，成七位数号码，写于卡片左上角之第二行，号码前须加一小数点（见本章附图），排列以小数法计算。

（丁）复姓，第一字取四码，第二三字各取左上右上二码写于第一字号码之后用/号隔开，如：田＝6040，田中＝6040/50；田中馆＝6040/5083。

（戊）如数片第一行字所组成之两行号码相同，须先依本章第一节各原则排列，再取各片第二行字翻成号码，以为排列之次序。其缀成法如下：第一字取左上右上左下三码，第二字左上右上二码，第三四字左上各一码，写于目录片左上角之第三行，号码前须加一小数点（见本章附图）。排列以小数法计算。

三、排列指引片：

（甲）定义及功用——目片上端凸出处，标有名目，以指引其后列目录片者，谓之指引片。

（乙）指引片之多寡——人名，地名，团体名，标题名，标题参照名及书名，可据以制指引片，其多寡随目录性质而异，普通以每隔廿五或卅片，夹一指引片为宜。

（丙）检字目录指引片——目录排列所用之检字法，不论其为何种，均应酌制指引片，如用王氏之四角号码检字法，则各四位数之号码，皆应有指引片。

（丁）分类目录指引片——分类目录中所用指引片，每片先写分类号码，随写分类名目。

四、排列号码及书码（Call number）之位置。

（甲）文字横写，由左而右，左上角起首处似较为触目地位，故将排列号码写于片之左上角。

（乙）书架及分类目录之各片系依书码排列，故将书码写于片之左上角（见十六章及十七章末附各图）。

（丙）字典式目录各片系按检字法排列，将依检字法缀成之排列号码写于片之左上角，而将书码写于片之右上角（此条无论采用何种检字法皆可应用）。

1010_7 .2196081		五经异义疏证
	陈	寿祺（清）撰
		三卷
		（见 110/213　皇清经解第二八〇至二八
	二	册）
		○

由王氏四角号码检字法缀成之排列号码

1010_7 .2694		五总志
	吴	垌（宋）著
		（见 9100/4335 艺海珠尘　第十五册）
		○

1010_4 .1071		王云五，字，岫庐（1887 -　）主编	由王氏四角号码检字法缀成之排列号码
.6017793	国	学小丛书	
		细目　见　丛书片	
		○	

下片右上角之号码系该书在哈佛大学汉和文库之书码

1010_4 .1071		王云五，字，岫庐（1887 -　）著 5149/111	由王氏四角号码检字法缀成之排列号码
.6022761		四角号码检字法，“第二次改订”	
	民	十七，上海，商务，订正三版	
		七五加一四加三面	
		吴敬恒序	
		附：　中外著者统一排列法　三面	
		○	

7778 .30934		欧宗祐，何作霖　合译　4639/8333〔书码〕
	美	浓部达吉（日本）著
		宪法学原理　　民十四，上海，商务，（政
	法	丛书之一）。　三一六面。
		○

由王氏四角号码检字法缀成之排列号码

7778/76 .272	欧	阳修，字，永叔，号六一　　5359.1/31〔书码〕
		居士（1007－1072）撰
		居士集，一名，欧阳文忠全集
	民	十六，上海，中华据乾隆丙寅词堂本校刊。（四
	部	备要本）一五八卷，二〇册，二函
		年谱，本传在第一册
		原书题名　“欧阳文忠全集”
		○

由王氏四角号码检字法缀成之排列号码

指引片之样式——指引片凸出处可分为二段三段四段及五段，如下图，以便指引名目细分之用。

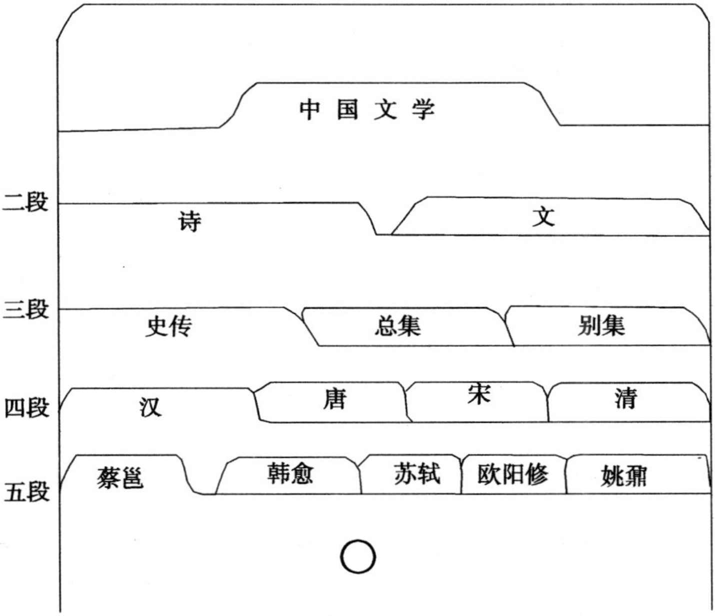
中国文学
二段
诗
文
三段
史传
总集
别集
四段
汉
唐
宋
清
五段
蔡邕
韩愈
苏轼
欧阳修
姚鼐

附录一　目录之刊印

甲、片式目录之刊印

以上各章所论之目片，皆指手写者而定，如各书之目片，需复片多份，则为求事半功倍计，最好将目片付印，兹将其利益办法，行款，印法及填写事项分述如下：

(甲)利益

1. 节省时间。

2. 节省经费。

3. 因所费时间与经费比手写较少，故能多有复份，因是而易于分布目录片于各需要处。

4. 小图书馆，限于财力鲜能请专家编目。如大图书馆刊印目片，即可向其购买，如是可以少数之金钱，得完善之目片。

(乙)办法。

1. 合作办法——由一中央团体，如图书馆协会或中央图书馆，聘请专员，承办编印，分售全国各图书馆。

2. 独营办法——如上详合作办法，一时尚难实现，而馆中分馆分部又多，需复分目片至夥，可由该馆用较廉印法（见本节丁款）自印目片。

（丙）行款——付印之底片行款，与著者目录片同（见第八章），惟片之第一行须空出，片上之著者，书名，版本，图卷，细目，附注等事项，须详细写出。

（丁）印法——如由一中央团体，承办编印，最好用铅印，因可留底板，备重印之用。如由各个图书馆单独自印，则为节省起见，可用石印抵脱（Ditto）印照相印等法，石印与照相印，尽人皆知，惟抵脱印，系最近之发明，附述该机大概于后：

抵脱复印机为美国芝加哥城抵脱公司（Ditto, Incorporated Harrison St. at Oakley Blvd, Chicago, U. S. A.）制造，种类颇多。普通用者约售美金八十余元。购机一架，永远可用，不过机中胶质印字底卷，须常更换而已，每卷值美金六元，可印四五百份卡片，所用墨水，系紫色，每瓶价值美金五角，小图书馆若无力购买机器，只购胶质印卷及墨水，用自制木卷轴即可印目录片。

（戊）填写。

1. 底片行款，既与著者目录片同（见本节丙款）。则著者目录片，自无填写之必要，至书名，标题及他种目录片，则须将书名或标题等，由印就片第二直线起，写于该片第一行空格（见本章附图）。

2. 如依用合作办法刊印（见本节甲款丁项），而某图书馆藏书之版本，与中央编印之目片所载不同，须将目片上原载版本涂划，另加该馆该书版本事项（见本章附图）。

乙、簿式目录片之刊印

（甲）功用——便于保存，易于流传。

（乙）编排——有全依书名编排者，如日本东京帝国大学图书馆《汉和书名目录》；有全依著者编排者，如日本东京马利逊《关于亚洲图书目录》（Catalogue of Asiatic Library of Dr. G. E. Morrison,

Tolzyo, 1924);有依图书馆分类法排列者,如《四库全书目录》;更有先依分类法编排,后附分类类目,书名及著者名混合索引者,如美国《图书馆协会之书目》(A. L. A. Catalogue,1926 Chicago)。为便利计,当以第四编排法为善。

(丙)图书馆备有片式分类目录者(见第十七章),可据以印簿式目录,另编分类类目,书名,著者名混合索引附后。

		淮南鸿烈集解
	刘	安,封,淮南王(汉)著;高诱(汉)注;
		刘文典(民国)集解
		淮南鸿烈集解　民十五,上海,商务,三版
	六	册,一函
		民十二,胡适　序
		附:钱塘(清)撰　淮南天文训补注　在
	第	六册　○

以印就片填写书名例

		高诱(汉)注
	刘	安,封,淮南王(汉)著;高诱(汉)注;
		刘文典(民国)集解
		淮南鸿烈集解　民十五,上海,商务,三版
	六	册,一函
		民十二,胡适　序
		附:钱塘(清)撰　淮南天文训补注　在
	第	六册　○

以印就片填写注者例

		刘文典(民国)集解
	刘	安,封,淮南王(汉)著;高诱(汉)注;
		刘文典(民国)集解
		淮南鸿烈集解　民十五,上海,商务,三版
	六	册,一函
		民十二,胡适　序
		附:钱塘(清)撰　淮南天文训补注　在
	第	六册　○

以印就片填写集解者例

		哲学——中国
	刘	安,封,淮南王(汉)著;高诱(汉)注;
		刘文典(民国)集解
		淮南鸿烈集解　民十五,上海,商务,三版
	六	册,一函
		民十二,胡适　序
		附:钱塘(清)撰　淮南天文训补注　在
	第	六册　○

以印就片填写标题例

	蔡	沈,字,　仲默,称九峰先生,谥文正(1160－
		1230)传
		书经集传;一名,　尚书蔡传　清光绪七年,
	金	陵书局刊本　六卷,　四册钉一本
	庆	应二年　日本刊本　六册,一函
		○

本馆藏本与中央印就目片所载不同例

以印就片填写注者分析片例

		钱塘,字,学渊(清乾隆进士)注
	刘	安,封,淮南王(汉)著;　高诱(汉);注
		刘文典(民国)集解
		淮南鸿烈集解　民十五,上海,商务,三版
	六	册,一函
		民十二,胡适　序
		附:钱塘(清)撰　淮南天文训补注　在
	第	六册　　　　　○

附录二　编目参考书举要

凡例

一、本章所举各书，以有裨编目实用者为主。

二、书目以具有一般性质者为限，各科专门书目概未采入。

三、各书间附说明，略示内容。

(甲)为考查著者姓名及生卒年者

一、《万姓统谱》　明凌迪知编，原刊本。

是书以韵排比诸姓，每韵内常姓字在前，希姓字在后，每姓氏中各人名则以朝代为次。

二、《史姓韵编》　清汪辉祖编，家刊本，江宁活字本，石印本。

此书系廿四史人名索引，排比亦以韵为纲。

三、《现代支那人名鉴》　大正十三年日本外务省情报部编东京东亚同文会发行。

四、《中国人名大辞典》　民国臧励龢等编，　民十，上海商务印书馆铅印本。

五、《历代名人年谱》　清吴荣光编，刊本，北京晋华书局新印本。

是书起汉高祖元年，迄清道光二十三年，本太史公年表纵横之例，每页分为纪年，时事，生卒三横格。纪年格掇举帝纪之要，时事格荟叙大事之纲,生卒格则载各人生卒年月及其谥法与爵号,书共九卷,末附存疑及生卒年月无可考者一卷。

六、《疑年录汇编》 民国张惟骧辑,乙丑(民十四)张氏小双寂庵刊本。

是书汇集钱大昕《疑年录》,吴修《续疑年录》,钱椒《补疑年录》,陆心源《三续疑年录》,张鸣珂《疑年赓录》,闵尔昌《五续疑年录》,诸书而成。就所考而得者,误者正之,阙者补之,歧异者析之,颠倒者序之,复增入辑者自定名人生卒年百余人,全书所录共计三千九百廿八人,排比除孔子及孔门弟子外,一以年齿为次,每页分四横格:(一)年齿:载各人姓,字,享年岁数,名及生卒年(二)原编:载明各人原系何编所录,(三)原注:载原录之注,(四)附注:载辑者自行者订之注。末附依韵排比之姓名索引,以助检阅。

七、《四史疑年录》 清刘文如编,刊本。

八、《中国文学年表》 民国郑振铎编,载《中国文学研究》(《小说月报》十七卷号外)。

除上列各书外,尚有各种年谱,传记及方志中之名儒,文苑等传,均为考查著者姓名字号及生卒年之材料,编目者当注意及之,下列各书为翻译年月日必需之工具。

九、《中西回史日历》 民国陈垣编,民十五陈氏励耘书屋铅印本。

十、《万国大事年表》 棚桥一郎、中山银次郎合编,日本东京三省堂铅印本。

十一、《世界大事年表》 民国傅运森编 上海商务印书馆铅印本。

十二、《阴阳历对照表》 民国寿孝天编 上海商务印书馆铅印本。

十三、《二十世纪阴阳合历》 中华书局编 上海中华书局铅印本。

十四、《历代帝王年表》 清齐召南撰，阮福续，日本山根倬译补，昭和二年日本东京支那事情社发行。

十五、《模范最新世界年表》 昭和四年东京三省堂增订二九版。

（乙）为考订版本者

一、《天禄琳琅书目前编》 十卷 清于敏中等奉敕编，乾隆四十年成书，光绪甲申长沙王氏刊本。

是目所录，皆清宫昭仁殿所藏乾隆九年敕检内廷秘笈，全书编排以版本为经，类别为纬：宋元明版书，各从其代，每代各以经史子集为次，每书首举篇目，次详考证，次胪阙补，所载考证于刊刻时地，收藏姓名印记等颇为详尽。

二、《天禄琳瑯书目后编》 二十卷 清彭元瑞等编，光绪甲申长沙王氏刻本。

是书成于嘉庆三年，记载一依前帙，惟所录较前编为多，如《前编》收书只四百部，后编则六百六十三部；《前编》宋元明版外，仅金刻一种，《后编》则宋辽金元明五朝俱全。

三、《读书敏求记校证》 四卷 清钱曾撰，清管庭芬原辑，章钰补辑。

《敏求记》一书，自清乾嘉以来，藏书家皆奉为枕中秘宝，各有批注之本。此编荟萃诸家（共二十七家）为一编，于遵王记文来历，与夫各家异同，根据旧文，加以案语。前后附有补辑类记，补目，据校目，佚文，各家序跋，题记附录等类。卷一分上下二卷，卷二，卷三，卷四各分上中下三卷。

四、《士礼居藏书题跋记》 六卷清黄丕烈撰，潘氏滂喜斋单刻本。

五、《士礼居藏书题跋续记》 二卷清黄丕烈撰，《灵鹣阁丛书》本。

六、《士礼居藏书题跋记再续》　二卷清黄丕烈撰，缪荃孙辑，古学汇刻本。

以上三书专记宋元版之行字，新旧抄之异同。

七、《爱日精庐藏书志》　三十六卷，《续志》四卷，清张金吾编，道光丁亥家刊本，光绪十三年吴县徐氏灵芬阁排印本。

是编所载，只限于宋元旧椠之流传罕见者，一书而两本俱胜者，仿《遂初堂书目》例并存之。未经四库采入之书，依晁陈两家例，略附解题以识流别，并仿马氏《经籍考》例，钞录诸书序跋，俾一书原委，灿然可考。

八、《四库简明目录标注》　二十卷清邵懿辰撰　宣统三年仁和邵氏家刊本。

是书命意在分别本之存佚，与刻之善否。莫友芝《郘亭知见传本书目》即以此为蓝本。

九、《郘亭知见传本书目》　十六卷清莫友芝撰　上海西泠印社排印本，扫叶山房石印本。

是目著录之书大抵见于《四库简目》，兼及存目与四库未收者，书名下均有短注述叙版本之经过。

十、《宋元旧本书经眼录》　三卷《附录》二卷　清莫友芝撰　同治癸酉莫绳孙刻影山草堂六种本。

是书所录宋金元明椠本暨旧钞稿本书，凡百三十种，悉同治乙丑迄己巳数岁中莫子偲客游所见者，其中识语：或解题，或考其椠钞精劣，或仅记每叶行字数目，或并录其序跋及藏家跋语印记，皆著者经眼时随笔所志，足备编目者之考据。

十一、《楹书偶录》　五卷，《续编》四卷，清杨绍和撰，光绪二十年家刻本。

是书所录宋金元明校本钞本之目，俱聊城杨氏海源阁所藏之书，全目分经史子集四部各一卷，凡百七十种。

十二、《铁琴铜剑楼书目》　二十四卷，清瞿镛撰，光绪二十一年瞿氏家刊本。

此目分经史子集四部，所录皆宋元明刊及旧钞本。每目先列书名，卷数及版本；次则详其行款，明其异同；末则间录原书序跋，以示内容。

十三、《皕宋楼藏书志》　百二十卷，《续志》四卷，清陆心源撰　光绪八年十万卷楼刻本。

是编仿张金吾《爱日精庐藏书志》例，专载旧椠旧钞之流传罕见者，惟张氏以元为断，此则断及明初。所录凡宋刊二百余种，元刊四百余种，共约十五万卷，宋元本之行款缺笔，悉为备载，一书而两本俱胜者，仿《遂初堂书目》例并存之。先辈时贤手迹题识校雠岁月，悉为登录，并间录收藏姓氏印记，未经四库采入之书，仿晁陈两家例，皆附题解，并依马氏《经籍考》例，载诸书序跋。

十四、《善本书室藏书志》　四十卷　清丁丙撰　光绪辛丑钱塘丁氏家刊本。

此目所录者，皆钱塘丁氏八千卷楼所藏。该楼合聊城海源阁常熟瞿氏铁琴铜剑楼归安陆氏皕宋楼，为太平乱后海内四大藏书家，故此目体例，亦与前三者略同，关于明人著述及乡先辈之丛残，收罗较他家为富。

十五、《艺风堂藏书记》　八卷，民国缪荃孙撰，光绪辛丑家刊本。

此目所录，约六百二十七种，用《孙祠书目》例，分为经学，小学，诸子，地理，史学，金石，类书，诗文，艺术，小说十六类，每类各书，题跋印记尽录，未入四库之书，并举著者之仕履与书之大意。

十六、《经籍访古志》　六卷，《补遗》二卷，日本全善森三之同编，光绪乙酉徐承祖姚文栋排印本。

是书体例，一依《天禄琳琊书目》及《爱日精庐藏书志》，每书先标其时代，次注藏家，缺笔及旧藏印记等，亦均载入，所录皆宋元旧刻，有中国已佚之本，于医书尤为宏富。

十七、《日本访书志》 十六卷,杨守敬撰,光绪丁酉家刊本。

此目收录《经籍访古志》所遗之书颇多,凡日本习见而中土罕遇者及日本翻刻旧本而未西渡者,皆一一录入,每书依《经义考》及《爱日精庐藏书志》例,备载序跋,其罕见之品,则详录姓氏,间考爵里,其中古钞本及翻刻本,并载彼国收藏家题记。

十八、《持静斋藏书纪要》 二卷 清丁日昌藏书,莫友芝撰,苏州文学山房印本。

是书先分宋元明刊及钞本,每种板本,再依四部次序,排列诸书。各书下略详卷,页,行字,及板刊,并注明四库已否收入。

十九、《八千楼书目》 二十卷,民国丁仁辑,钱塘丁氏聚珍仿宋版印本。

此目虽无考证,但各书板本不同者,俱备载之,且能指出某书为某种丛书所收,于辨明时刻本,尤为有用。

(丙)为编制丛书目录者

中国丛书浩如烟海,而又分合无常,如《广雅丛书》内史部之别为《史学丛书》,《畿辅丛书》内之有《颜李丛书》及《孙夏峰遗书》,《武英殿聚珍版丛书》之有殿版及闽浙赣粤各版。同一集而数名,同一书而数版,如此之类,不胜枚举。贪商劣贾,又从而折裂旧日丛书,姘合而给以新名,以期混人眼目,坐取厚利,编目者苟一不慎,举手即错,故编制丛书目录片,必有赖于考证丛书之著录,惜坊间已有之丛书书目,对于各丛书编辑之历史,版本之经过,皆语焉不详,良好全备之丛书之目,尚有待吾人之编纂,兹姑举数种,以为目前编目之助。

一、《汇刻书目》 二十卷,清顾修编,朱学勤增补,民八,上海千顷堂石印本。

二、《汇刻书目二编》 十卷,周毓邠编,民八,上海千顷堂石印本。

三、《行素堂目睹书录》 十册，清朱记荣编，光绪甲申吴县朱氏槐庐家刊本。

四、《汇刻书目外集》 六册，日本松泽老泉编，日本印本。

五、《续汇刊书目》 十册，《闰编》一册，罗振玉编，民三延平范氏双鱼堂刊本。

六、《增订丛书举要》 八十卷，杨守敬原辑，李之鼎增订，民四南昌宜秋馆印本。

七、《丛书书目汇编》 四册，沈乾一编，民十七上海医学书局铅印本。

八、《续汇刻书目》 十二卷，清傅云龙辑，光绪二年善成堂刊本。

是书续顾氏之旧，采录凡五百种。

（丁）为探讨图书内容者

一、《崇文总目》 宋王尧臣等奉敕撰，旧本佚，四库辑《永乐大典》本十二卷。

《四库简明目录》谓“其书以四库分编所录凡三万六百六十九卷。篇帙既多，牴牾难免，诸家时有纠正，郑樵《通志校雠略》攻之尤详”，朱竹垞《经义考》谓“《崇文总目》，当时撰定诸儒，皆有论说，凡一书大义，必举其纲，法至善也，其后若《郡斋读书志》，《书录解题》等编，咸取法于此。”

二、《崇文总目辑释》 五卷，补遗一卷，清钱东垣辑，《汉筠斋丛书》本，《粤雅堂丛书》本，《后知不足斋丛书》本。

此书考证《崇文总目》颇详。

三、《郡斋读书志》 宋晁公武撰，光绪十年长沙王氏刊本。

此书有衢本袁本，卷帙互异，其详细可于王序中得之，兹不赘，各书以经史子集分部，各有解题，各解题记述撰著人时代仕履，成书年月，及书之撮要。

四、《直斋书录解题》　二十二卷，宋陈振孙撰，明万历间武林陈氏刊本，清乾隆间武英殿聚珍版本，闽赣浙粤四省覆聚珍本，苏刊本。

是书将历代典籍，分为五十三类，虽未标经史子集之名，实依该次为先后，解题中，述各书卷帙多少，撰人姓名仕履。并书之得失，与晁志相类。二书在中国目录学上影响颇大，如元马端临作《经籍考》，即以此二书为蓝本，清编四库总目又多采马氏之例，以后诸家著录所撰提要，更因四库体例是仍不出二书之范围也。

五、《文献通考经籍考》　七十六卷，元马端临撰，浙江书局刊本。

是书分总叙及经史子集五类，体例则采取晁陈二书而增广之。除录诸家书评外并旁搜史传，文集，杂说，诗话之有关各书著作之本末，流传之真伪，文理之品题者，具载之。

六、《四库全书总目提要》　清纪昀等奉敕编，武英殿刊大字本，闽覆刊本，乾隆六十年谢启昆刻本，浙江湖州刻小字本，同治七年广东重刻小字本，宣统二年存古斋石印本，上海潄六山房石印本，上海点石斋石印本，民六上海扫叶山房石印本。二百卷，册数各版不同。

是书以经史子集为纲，经部分十类，史部分十五类，子部分十四类，集部分五类。四部之首，各冠以总序，撮述其源流正变，以絜纲领。各类之首，又冠以小序，详述其分并改隶，以系条目。所录各书，除历代帝王著作冠于各代之首，及著者无可考者附于各代之末外，皆以时代为次。同一代者，则以著者登第之年或生卒之岁，为之排比。每书先记卷数，次注某家藏本，以不没所自；其坊刻之书，不可专题一家者，则注曰通行本；再次各为提要，每提要先详著者之姓氏及爵里，以论世知人，次考本书之得失，权众说之同异，文字增删，篇帙分合，亦皆详为辨订。

七、《四库全书简明目录》　清纪昀等奉敕编，乾隆四十九年赵怀玉鲍廷博刊本，湖州沈氏刊本，谢启昆刻本，扬州小字本，广东小字本，经韵楼刻本，上海同文书局石印本。三十卷，册数各板不同。

此书就总目提要，删繁举要，略言各书原委，著者世次爵里。

八、《四库未收书目提要》，一名，《揅经室外集》 清阮元撰，文选楼刻全集本，光绪四年上海淞雪阁重校本，光绪二十年刊本。

是书补《四库全书总目》提要之遗。

九、本附录(乙)款所列张瞿丁陆四家书目，皆抄有各书序跋，足为探讨图书内容之参考。

十、《经义考》 三百卷，清朱彝尊撰，乾隆乙亥卢氏雅雨堂刻本，光绪丁酉浙江书局重刊本。

是编将历朝经学载籍分御注，敕撰，书，诗，周礼，仪礼，礼记，通礼，乐，春秋，论语，孝经，孟子，尔雅，群经，四书，逸经，毖纬，拟经，师承，宣讲，立学，刊古，书壁，镂版，著录，通说，家学，自叙等廿九门，其中宣讲，立学，家学，自述四类，有目无书，盖因撰辑未竟。每书先详撰人姓氏，书名，卷数。卷数有异同者，则注明某书作几卷，次注明其或存或佚或阙或未见，次载原书序跋，诸家论断，及其人之爵里。朱氏自作考证，则列为按语，随附于末。

十一、《经义考补正》 十二卷，清翁方纲撰，《粤雅堂丛书》本，《苏斋丛书》本。

十二、《小学考》 五十卷，清谢启昆撰，嘉庆丙子谢氏家刊本，浙江书局本，上海石印小字本。

是书仿《经义考》体例，以考究历代小学书籍。

十三、《郑堂读书记》 七十一卷，清周中孚撰，《吴兴丛书》本，吴兴刘氏嘉业堂单行本。

是书仿《四库提要》体例，评论诸书之得失，考订古书之真伪。

十四、《抱经楼藏书志》 六十四卷，清沈德寿撰志，民十四铅印本。

是编仿张氏金吾《爱日精庐藏书志》,陆氏存斋《皕宋楼藏书志》例,载旧椠旧钞之流传罕见者,惟二氏以元明为断,此则采清朝之精刊,其习见之书,概不登载,此目于考证板本,不甚详细,每书下仅注明何朝刊本或某人钞本,但备载各书序跋,于探讨图书内容,颇有实用。

十五、《重考古今伪书考》 三卷,清姚际恒著,民国顾实重考,民十五上海大东书局铅印本。

此编考据古书之真伪,间涉及诸书之内容。

(戊)为研究书目学及编目法者

一、《书目举要》 不分卷,周贞亮李之鼎同编,民九南城宜秋馆刊本。

列举自汉至今所见书目约二百七十余种,区为部录,编目补志,题跋,考订,校补,引书,版刻,未刊书,藏书约及释道目等十一类。每类各书下注有卷数,编辑人,出版年,版本,等项,一书数版,亦悉注明,惜无提要以示各书目之体例及内容。

二、《书目长编》 二卷二册,邵瑞彭阎树善等辑,民十七北京资研社铅印本。

此编所载书目约千三百余种,内分下列各类:(甲)贮藏类(一)公藏(二)私藏(乙)史乘类(一)正史(二)备采(三)补史(四)通载(五)方志(丙)征存类(一)门类(二)征阙(三)禁毁(四)征引(五)著刊(六)丛书(七)版片(八)经眼(九)劝学(丁)评论类(一)流略(二)掌故。每类每目下注明卷数撰者及版本。原书取材于周李二君之《书目举要》颇多,惟其所收书目则较该书多四五倍,其中关于书名,人名版本,卷数及分类之错误不少,已经他人指正者,见北京《北海图书馆月刊》第一卷第一号记者之《书目长编》书评,兹不赘述。

以上二书,系书目之书目,为目录学之门径,盖由此可以检得其他各种书目，惜是项著作，尚无善本，姑举二种如上，以资参考。

三、《汉书艺文志》　一卷，汉班固撰，颜师古注，张寿荣《八史经籍志》本，《汉书》本《图书集成》本，上海商务印书馆《古书源流》本。

是书根据刘歆《七略》，分六艺，诸子，诗赋，兵书，术数，方技六类，每类又各分子目，著录西汉以前之书，条其源流，论其利弊，为研究书目学之要籍。汉志考证，古今作者，颇不乏人，读者宜参考下列诸书：

《汉书艺文志考证》　宋王应麟撰，浙江书局《玉海》附刻本。

《汉书补注》　清王先谦注，长沙思贤书局本。

《汉书艺文志讲疏》　顾实撰，上海商务印书馆本。

《汉书艺文志注解》　姚明辉撰，中国书店活字本。

《汉书艺文志举例》　孙德谦撰，戊午孙氏四益宧刊本。

四、《隋书经籍志》　四卷，唐长孙无忌等撰，《隋书》，张寿荣《八史经籍志》本，《图书集成》本，上海商务印书馆《古书源流》本。

是书首列《绪言》，概述自周迄唐经籍之沿革及分类之大概，次列书目，分为经十类，史十三类，子十四类，集三类，末附道佛二类。每类先列书名，卷数及撰人，次附简论，条述该类学术源流。是此书于中国图书分类史及学术史，均属重要，考证隋志，须阅以下数种。

《隋书经籍志考证》　十三卷，清章宗源撰，湖北书局刊本。

《隋书经籍志纠缪》　康有为撰，《新学伪经考》卷十一。

五、《通志校雠略》　宋郑樵撰，浙江书局本。

是书于前人著录之谬，多所指摘，于求书之法及校书之业，亦颇论列详审。

六、《国史经籍志纠缪》　一卷，明焦竑撰，《粤雅堂丛书》本。

此书专指前人分类之谬。

七、《校雠通义》　三卷，清章学诚撰，吴兴刘刻《章氏丛书》本。

折衷刘班郑焦诸家之说，定立图书分类及编目应守之通义，其中《别裁》《互著》两编，颇与近时图书馆学中所谓分析(Principle of Analytics)及参照(Principle of Cross－reference)两义吻合。

八、《藏书纪要》　一卷，清孙庆增撰，《士礼居丛书》本，《榆园丛书》本，《藕香零拾》本，上海扫叶山房石印本。

此书专论购书之法，与藏书之宜，内分购求，鉴别，钞录，校雠，装订，编目收藏，曝书等八则。

九、《藏书十约》　一卷 叶德辉撰，　长沙叶氏家刊本。

此书与前书略同，所述皆图书购置鉴别，装潢，陈列，抄补，传录，校勘，题跋，收藏及印记等事。

十、《书林清话》　十卷，叶德辉撰，民十长沙叶氏观古堂刻本。

十一、《书林余话》　叶德辉撰，　大中印书局铅印本。

以上两书为叶氏生平藏书校书之笔记，内详刻书源流，及校勘掌故，正确精当，诚研究板本学及校勘学者必读之书。

十二、《刘向校雠学纂微》　一卷，孙德谦撰，民十三四益宧刊本。

十三、《汉书艺文志举例》　孙德谦撰，民八，四益宧刊本。

以上二书，于刘向班固校书方法与编目体例，颇多发明，本书卡片目录体例多采其说。

十四、《藏书纪事诗》　七卷，清叶昌炽撰，叶氏家刊本。

江氏灵鹣阁刊本六卷，为未定之本。此为叶氏家刊定本。原书断自蒋香生太守，此本以续得九首，及附录诸讨另为一卷。次第七。诗注亦小有增损。

十五、《五代监本考》　王国维撰，《国学季刊》第一卷第一号，《观堂集林》本。

十六、《中国雕板源流考》　留庵编，民十五上海商务印书馆铅印本。

十七、《古书读校法》　陈钟凡编，民十二上海商务印书馆铅印本。

十八、《图书馆组织与管理》　洪有丰著，民十五上海商务印书馆铅印本。

此书参酌中外方法，采取新旧精华，于图书馆组织，及图书分类编目等项，均立言适当。诚近日中国图书馆界之佳作。

十九、《中国藏书家考略》　民国杨立诚金步瀛合编，民十八杭州浙江省立图书馆铅印本。

是书起秦汉迄清末。收生平有藏书事迹者，凡七百四十一人，排比以姓名字画笔数多寡为次，同画数者，则以《康熙字典》部首为次，卷端附有人名索引表，排列亦以姓名画数为次，每人之下，先列姓名字号别号及爵里官第，次生卒年。无生卒年者，则注明登第之年。或仅云某时人。末则详说其人之著述及藏书之概略。

二十、《四库全书总目索引》　民国陈乃乾编民十五上海大东书局铅印本。

此书系四库书目人名索引，排比以笔画为次。

二十一、《文澜阁目索引》　民国杨立诚编民十八杭州浙江省立图书馆铅印本。

此书系四库书目书名索引，排比以笔画为次。

上列二书，实为检查依四库分类法编排的书目之良好工具，因吾国任何书目，如依四库法分类，其所收各书，在目录中之次序，大旨必皆相同。

二十二、《目录学》九卷　清耿文光撰清光绪二十二年家刻本。

此书实系耿氏藏书书目，非讨论“目录学”之著作，惟该书体裁，首叙及凡例，颇能阐发中国历来书目之体例，故录之以供研究书目学者之参考焉。

二十三、《图书馆学季刊》　中华图书馆协会出版民十五三月创刊，每年四期。

二十四、《国立北平图书馆馆刊》　民十七五月创刊，每年一卷，每卷六期。

尾声

本附录稿成于民十八年春。所举书目，亦以当时哈校汉和图书馆所藏者为限，虽云举要，遗漏甚多，去秋回国，供职故都，得观国立北平图书馆所藏之书目学书籍，本欲根据该馆及其他图书馆所见者，重编附录，俾臻美备，惟闻近人王扬清君已编有《簿录通考》刘纪泽君已编有《书目举要补正》及《书目考》均将出版，是则书目学之专门书籍，业已丛出不穷，有志斯学者，自知取阅以补本附录之缺略焉。

又本编三校清样复承友人袁守和先生指正数处，特此附志，以表谢忱。

民国二十年春分日开明识于北平。

附录三　四角号码检字法凡例

附　則

Ⅰ 字體均照楷書如下表

正	佳	匕	反	礻	户	安	心	卜	斥	刃	业	亦	草	真	執	禺	衣
误	佳	匕	反	礻	户	安	心	卜	斥	刃	业	亦	草	真	執	禺	衣

Ⅱ 取筆時應注意之點

(1) 宀户等字,凡點下之横,右方與他筆相連者,均作3,不作0。

(2) 尸四門等字,方形之筆端延長於外者,均作7,不作6。

(3) 角筆之兩端,不作7,如'ㄗ'

(4) 交叉之筆,不作8,如美

(5) 业业中有二筆,水小旁有二筆,均不作小形。

Ⅲ 取角時應注意之點

1 獨立或平行之筆,不問高低,概以最左或最右者為角。

(例) 非　俾　疾　浦　帝

2 最左或最右之筆,有他筆蓋於其上或承於其下時,取蓋於上者為上角,承於下者為下角。

(例) 宗　幸　寡　共

3 有兩複筆可取時,在上角應取較高之複筆,在下角應取較低之複筆。

(例) 功　盛　頗　鴨　奄

4 斜撇為他筆所承,取他筆為下角。

(例) 春　奎　雅　衣

5 左上之撇作左角,其右角取右筆。

(例) 勾　鈎　侔　鳴

Ⅳ四角同碼字較多時，以右下角上方最貼近而露鋒芒之一筆為附角；如該筆業已用過，則附角作0。

(例) 芒=44710 元 洋 是 疝 歆 畜 殘 主 難 霖

毯 拼 鑾 覽 功 郭 藏 愁 金 遠 仁 見

附角仍有同碼字時，得按各該字所含橫筆(即第一種筆形，包括横刁及右鈎)之數順序排列。

例如「市」「帝」二字之四角及附角均同，但市字含有二橫，帝字含有三橫，故市字在前帝字在後，餘照此類推。

第二次改訂四角號碼檢字法　　　　王雲五發明

第一條　筆畫分為十種，各以號碼代表之如下：

號碼	筆名	筆形	舉例	說明	注意
0	頭	亠	言 主 广 疒	獨立之點與獨立之橫相結合	0456789各種均由數筆合為一複筆。檢查時遇單筆與複筆並列，應儘量取複筆；如ㄩ作0不作3，土作4不作2，尸作7不作2，ㄩ作8不作32，小作9不作33。
1	橫	一 ㇀ ㇄ ㇏	天土地江元風	包括横，刁與右鈎	
2	垂	丨 丿 亅	山 月 千 則	包括直，撇與左鈎	
3	點	丶 ㇏	宀礻冖厶之衣	包括點與捺	
4	叉	十 乂	草杏皮刈大葬	兩筆相交	
5	插	扌	扌 戈 申 史	一筆通過兩筆以上	
6	方	口	國鳴目四甲由	四邊齊整之形	
7	角	㇆ 「 」 ㇗ ㇀ ㇇	羽門灰陰雪衣學罕	橫與垂相接之處	
8	八	八 丷 人 𠆢	分頁羊余災朱疋午	八字形與其變形	
9	小	小 ⺌ ⺍ 木 忄	尖 糸 粦 果 惟	小字形與其變形	

第二條　每字祇取四角之筆，其順序：

(一)左上角　(二)右上角　(三)左下角　(四)右下角

(例) (一)左上角…………端…………(二)右上角

(三)左下角…………　…………(四)右下角

檢查時按四角之筆形及順序，每字得四碼：

(例) 顏=0128 截=4325 賝=6789

第三條　字之上部或下部，祇有一筆或一複筆時，無論在何地位，均作左角，其右角作0。

(例) 宣　直　首　冬　粟　宗　母

每筆用過後，如再充他角，亦作0。

(例) 干　之　持　排　犬　卉　東　時

第四條　由整個口門門所成之字，其下角取內部之筆，但上下左右有他筆時，不在此例。

(例) 因＝6043　閉＝7724　鬭＝7712

菌＝4460　瀾＝3712